Georges Bourdon

En écoutant
Tolstoï

entretiens

ISBN : 978-1535316309

10 9 8 7 6 5 4 3 2 1

Georges Bourdon

En écoutant Tolstoï

entretiens

Table de Matières

NOTE LIMINAIRE

À cette relation des heures passées dans la familiarité du comte Tolstoï, où le sujet principal de nos entretiens fut, entre beaucoup d'autres, la guerre japonaise, j'ai joint les fortes pages qu'il méditait alors sur ce tragique événement. Publiées depuis en Angleterre, traduites en français, elles figurent ici, pour la première fois en France, dans leur intégralité originale. On se convaincra à la lecture que la pathétique adjuration de Tolstoï ne répète pas les conversations que j'ai recueillies et que ces documents, au contraire, se complètent en une vigoureuse harmonie.

J'ai en outre le plaisir de publier des pensées inédites de Tolstoï. Elles ne furent point conçues, à vrai dire, sous la forme doctrinale de pensées. Elles sont extraites à la fois de lettres familières écrites à diverses personnes et de ce journal où se formule, au cours des heures, la doctrine du maître. C'est chez lui une coutume déjà ancienne de noter, presque chaque soir, les méditations où l'ont conduit les choses du jour. De ces feuilles légères, les unes vont à des amis, les autres rejoignent leurs sœurs dans le carton où le rude sage de Iasnaïa Poliana dépose le testament de son âme. Ce journal ne paraîtra point de son vivant. J'ai licence de l'entr'ouvrir ici avant le temps lointain où il sera totalement révélé.

Ces pensées et cet écrit sur la guerre ont été traduits par M. J.-W. Bienstock, qui a entrepris, on le sait, la tâche considérable de publier dans notre langue l'œuvre intégrale de Tolstoï. C'est à son obligeance que je les dois. Je l'assure ici de ma gratitude.

G. B.

ENTRETIENS DE TOLSTOÏ

I

Au début de ce récit, j'inscris avec gratitude et respect le nom du comte Léon Tolstoï. Un jour et une nuit, j'ai été son hôte. Je venais à lui à travers l'immense mer tourmentée de la neige, et je l'approchais avec timidité. Un patriarche qui souriait s'est avancé, une main cordiale s'est tendue, j'ai trouvé dans son lointain ermitage un hôte indulgent et simple, un grave et gai foyer resplendissant du génie du maître et vivifié par la grâce agile, par l'esprit aigu de la comtesse Tolstoï ; et, à la caresse de cette chaleur familiale, ma timidité soudain s'est fondue.

En même temps que l'apôtre, c'est l'ancêtre que je rencontrais. La lumière qui, de Iasnaïa Poliana, coule sur le monde, n'est point semblable au soleil glacé des pôles : c'est une lumière bienfaisante et chaude, génératrice de pensée et de rêve, et qui porte aussi de la beauté et de la joie. La paix morne de l'implacable neige qui, si loin que les yeux pénètrent dans l'espace, enserre les campagnes et les villes, n'est rien auprès de la paix auguste de ces âmes. Le monde, autour d'elles, peut s'ébranler et se tordre : elles contemplent le monde, et, sans doute, avec lui, pour lui, souffrent, espèrent, car elles sont pitoyables et tendres ; mais l'ébranlement du monde s'arrête au seuil de leur sérénité ; elles portent un univers inaccessible, et, parce qu'elles ont connu, chéri, exalté la Vérité, elles sont invulnérables et impassibles.

Au moment d'entreprendre le récit des heures passées dans le rayonnement de cette grande paix généreuse, je mesure la témérité de mon dessein. Léon Tolstoï n'est point avare de ses propos ; c'est une pensée et une conscience qui s'expriment incessamment, avec une abondance magnifique. Parfois, sans doute, il a de soudains silences hermétiques, où les muscles tendus de son visage attestent le travail intérieur, où les flammes voilées de son œil immobile semblent aspirées au-dedans, où sa méditation se clôt à tout ce qui l'entoure. Alors on respecte son recueillement, et, indifférent aux conversations qui se continuent, il poursuit son rêve solitaire. Mais revenu aux êtres et aux choses, il parle avec une simplicité éloquente et une richesse d'idée qui sont intarissables ; il a, dans la discussion, un souci d'attention et de bonne foi qu'il faut bien noter à sa louange, car le long exercice d'une primauté intellectuelle et le dogmatisme d'une pensée affermie dans la recherche constante aboutissent trop souvent, de la part des esprits les plus bienveillants, à des affirmations catégoriques qui ne tolèrent pas qu'on les examine.

Celui-là certes affirme. C'est trop peu dire qu'il affirme. Toute sa doctrine, toute sa personne morale, sa sérieuse parole sont une affirmation permanente, intrépide, absolue. Il affirme comme ferait la Vérité, si la Vérité avait une voix, et il affirme pour l'éternité, souverainement, splendidement. Et l'esprit demeure stupide devant la prodigieuse rencontre de ce palais cérébral, en vérité unique dans le monde, où nul hypogée obscur, nulle oubliette clandestine ne recèle même le fantôme du Doute. Il est d'abord un apôtre, et intransigeant dans son rude apostolat. Que serait un apôtre qui hésiterait sur sa mission et douterait de soi-même ? Qui persuaderait-il, s'il offrait à l'anxiété des hommes une pensée flottante ? Quel crédit pour sa parole, s'il n'avait pas lui-même enfermé sa croyance dans les citadelles de l'absolu ? Tolstoï n'a pas mis cinquante ans à dominer et à briser les survivances et les préjugés qu'il tenait de son sang et de sa caste, à faire un homme libre du prisonnier qu'il fut, à conquérir sa croyance morale, pour culbuter, au temps de la vieillesse, aux déprimantes élégances d'un impuissant pyrrhonisme. Donc il affirme, mais cependant il discute, il écoute et, dans la manière dont il écoute, il n'y a pas seulement la patiente courtoisie d'un hôte infiniment bienveillant, mais la curiosité d'un cerveau en constant travail, et qui professe que la vérité se plaît parfois à s'exprimer par les bouches les plus humbles.

Mais comment recueillir intégralement tant de propos rapides ou profonds, et incessamment variés ? Je ne l'essaierai point. Je raconterai seulement, selon l'ordre des heures, sans souci d'arbitraires divisions, la lumineuse journée où cet homme extraordinaire voulut bien m'admettre dans la familiarité de sa vie, et, puisque les choses d'Extrême-Orient devaient être le sujet principal de nos entretiens, je dirai d'abord, pour l'intelligence du récit, à quel moment de sa dure guerre la Russie en était alors.

***

Le 1er/14 mars 1904, j'ai quitté Moscou pour aller à Iasnaïa Poliana. Depuis cinq semaines, le canon tonnait à Port-Arthur. La stupeur du rappel de l'ambassadeur japonais, le 6 février, avait frappé la Russie en pleine quiétude. Deux jours plus, tôt, le 4, le gouvernement avait expédié à Tokio un mémoire dont il espérait un si grand avantage qu'il en avait préalablement télégraphié la bonne nouvelle aux chancelleries européennes, et il en attendait mollement le résultat avec une confiance satisfaite. Il croyait non-

Georges Bourdon

chalamment à la toute-puissance de sa volonté pacifique et à l'ef-
ficacité de notes dilatoires où il promettait et accordait au Japon
toutes choses, hormis l'essentielle, la neutralité de la Corée et l'éva-
cuation de la Mandchourie, lesquelles, par une fâcheuse rencontre,
faisaient justement l'objet du conflit. Cependant ses protestations
de paix n'étaient point des artifices de langage : elles étaient ar-
dentes et sincères, et, parce qu'elles étaient sincères, il les pensait
décisives, oubliant que, s'il faut être deux pour se battre, il suffit
aussi du geste d'un seul pour déchaîner la bataille.

Quant au peuple, il ignorait tout. Depuis près de six mois, les né-
gociations se poursuivaient : pas une fois, le *Messager Officiel*, or-
gane du gouvernement, n'y avait fait allusion. Sans doute, les journaux en avaient confié le secret à leurs lecteurs, mais avec une cir-
conspection avivée par le zèle paternel de la censure. Et la Russie,
se réveillant brouillée avec le Japon, apprit du même coup qu'elle
était en difficultés avec lui.

Le peuple commençait de poser des questions et le gouvernement se frottait les yeux, lorsque, sans intervalle décent, trois jours
après, le 9 février, une terrible canonnade les fit sursauter : c'était
le *Césarevitch*, le *Retvizan* le *Pallada*, qui, endormis à Port-Arthur,
étaient soudain, par une nuit noire, entraînés dans la danse ma-
cabre des torpilles japonaises. Cette fois, on ne pouvait plus s'y
tromper, c'était la guerre : le peuple en fut atterré, et mit près d'une
semaine à s'enflammer : arrivé à Saint-Pétersbourg le 5 février, j'ai
été le témoin attentif de sa stupeur, puis de son affliction, puis de la
fièvre ardente qui tout à coup le saisit, l'affola, jeta pêle-mêle dans
sa cervelle l'enthousiasme, l'espoir, les déceptions, une crédulité
d'enfant.

Le gouvernement restait bouche bée. La perfidie du Japon, rap-
pelant son ambassadeur sans attendre les explications russes, sa
brutale agression, et, par là-dessus, son succès le confondaient.
Que le Japon eût voulu, préparé, cherché, fomenté cette guerre,
c'est de quoi il s'émerveillait. Le tsar voulait la paix, le tsar avait
institué la Conférence de la Haye, le tsar avait l'âme généreuse d'un
rêveur pacifique : n'était-ce point assez ? Alors que venaient faire
ces Japonais importuns en travers des desseins de l'Empereur ?
Le gouvernement croyait si fortement à la paix que le rappel de
l'ambassadeur l'avait ému sans l'ébranler dans sa foi. J'ai assisté stu-

pide à son inconcevable illusion. Rupture diplomatique, disait-on ; mais rupture diplomatique n'implique pas nécessairement l'état de guerre. Et le cabinet du comte Lamsdorf chercha des précédents ; et il en trouva vingt-deux ; dans vingt-deux circonstances, des gouvernements avaient rappelé leurs ambassadeurs sans mobiliser leurs armées… Victoire donc ! On pouvait encore détourner la guerre ; une puissance amie s'entremettrait on s'entendrait avec le Japon… Et, à Alexeiev qui demandait des ordres d'offensive, on prescrivait de se tenir tranquille ; à la presse, qui s'échauffait, on enjoignait de modérer le ton ; le *Journal de Saint-Pétersbourg*, un peu plus tard, était frappé pour avoir publié la fausse nouvelle d'une défaite japonaise ; l'Empereur, adressant un manifeste à son peuple, n'y parlait que d'expectative et de rendre les coups que d'aventure on lui porterait…

Il fallut l'attaque de Port-Arthur pour balayer la chimère de la paix. Merveilleuse découverte ! Le Japonais avait dix ans de préparation guerrière intensive ; contre la cible russe il fourbissait ses armes aiguës ; à l'univers entier, la fatalité de l'affreuse guerre était apparue, pour l'heure que fixerait le Japon ; et ce grand mystère aveuglant, qui courait le monde, n'avait rencontré sur toute la terre qu'une barrière : la muraille de l'indolence russe. Le Slave est intelligent et astucieux, mais mobile et fragile. Il a l'âme bouddhiste. Il croit à l'indestructible volonté du Destin ; il n'essaye point d'empêcher ce que la Sagesse de l'univers a ordonné sans lui ; il se détourne des pensées sombres ; il attend pour agir que le timbre ait retenti à une horloge qu'il n'a pas réglée, et il se repose du soin de sa vie sur la magie des icônes saintes. Il fut nécessaire que le Japon vînt défoncer les portes de l'Empire, pour que l'Empire aperçût enfin le formidable bélier qu'on lançait contre lui par-dessus la mer. Il avait besoin d'une armée ; il fit jaillir du sol des légions d'images sacrées.

Et, puisque l'on était contraint de se battre, on songea à s'organiser. Pour chef, on donna à l'armée de Mandchourie le propre ministre de la guerre, le général Kouropatkine, capitaine sérieux, réfléchi, méthodique et hardi à la fois ; à la tête de la flotte, on plaça, après la disgrâce de l'incapable Starck, l'amiral Makarov, chef brillant et audacieux, tacticien expérimenté, qui devait si malheureusement être emporté avec son *Pétropavlosk*. Tous deux étaient intrépides et réputés ; ils avaient la confiance de la Russie et ils partirent chargés de l'espérance populaire sur un pavois d'icônes bénites. Mais on commit la faute de ne les point investir, chacun à la tête de ses forces propres, de la responsabilité totale, et de super-poser à leur autorité celle de l'amiral Alexeiev, lieutenant-général pour l'Extrême-Orient, lequel ne passait point, dans la croyance publique non plus du reste que dans les conseils supérieurs, pour le chef porteur de la victoire qu'appelaient les armes russes. La suite des événements ne fit que trop rudement la preuve de cette erreur initiale.

Dès lors, commença méthodiquement, avec une hâte sérieuse, la préparation de la guerre.

La fortune était dure aux Russes : deux grands cuirassés, un grand croiseur profondément atteints, et difficilement réparables dans un dock unique, de dimensions insuffisantes pour loger leurs longues carènes ; deux autres croiseurs, le *Varyag* et le *Koreetz*, torpillés à Tchémoulpo, l'*Yenisséï* et le *Boyarin*, qui se torpillent eux-mêmes à Dalny ; le *Mandjour* oublié, confisqué, immobilisé à Shanghaï ; Port-Arthur bloqué par l'escadre de l'amiral Togo ; des flottilles de transports, dès longtemps préparées, incessamment lancées des côtes japonaises, et qui déversent dans tous les ports coréens les troupes du Mikado ; pendant ce temps, la mobilisation des troupes russes qui commence laborieusement, lentement, avec des mécomptes presque quotidiens ; le transsibérien qui d'abord fonctionne mal, déraillements, voies de garage trop exiguës, rails trop faibles ; le flot des troupes arrêté par les glaces du Baïkal ; par là-dessus, incertitude de la direction suprême, qui, dans l'effare-ment et la précipitation, forme, défait, renoue des projets hâtifs, qu'elle abandonne aussitôt, pour en concevoir d'autres ; absence de plan d'ensemble ; une opinion publique fiévreuse, nerveuse, tu-multueuse, qui, dans le même moment, passe de l'extrême illusion à l'extrême découragement, qui se déchaîne, s'entrechoque, s'exalte, s'épouvante, tourbillonne en des vertiges passionnés, qui voudrait tout savoir, à qui l'on ne dit rien, et qui imagine, invente, fermente et s'angoisse… Voilà les maux et voilà l'image de la Russie dans les quinze jours qui suivirent la nuit tragique de Port-Arthur.

Mais l'opinion peu à peu se calme, les transports se régularisent ; une longue période d'attente succède aux heures troubles du début ; l'escadre de Port-Arthur se tient immobile durant qu'elle répare ses blessures ; Makarov, en route vers la mort, rejoint son commandement ; des ports japonais et de la gare de Moscou parlent d'innombrables bataillons, des escadrons, des batteries, qui, plus tard, se rencontreront dans les plaines mandchoues ; Kouropatkine, enfin, chef prudent et sage, ayant organisé son état-major, arrêté ses dispositions, délibéré sa tactique, quitte Pétersbourg et l'Empereur le samedi 28 février-12 mars, à six heures du soir, salué de l'acclamation populaire, portant dans son cœur la fervente espérance de la Russie unanime. Je fus avec lui à Moscou. Il y demeura un jour. Le dimanche soir 13 mars, à neuf heures cinquante, il monta dans le train qui le menait à Kharbine, puis à Moukden. Je le vis debout, à la porte de son wagon vert, à la minute où son train s'ébranlait dans le tumulte des hourrahs. Il était pâle, il saluait d'un geste brusque, sa bouche était sans sourire et ses yeux sans orgueil, son visage sérieux se penchait vers la foule. Où allait-il ? Vers la victoire, vers la défaite ? Quels opportuns prestiges, quelles disgrâces cueillerait-il sur les champs asiatiques pour le régime qui l'envoyait ? Apercevait-il lui-même toute la tragique aventure du rôle qu'il assumait ?... C'est le lendemain, c'est dans le moment où le vaste empire se ramassait pour le grand effort, où l'anxieuse pensée russe escortait, à travers les steppes sibériens, la fortune du généralissime, que je partis à Iasnaïa Poliana.

II

Le train est lent. Il s'arrête à toutes les stations. Parti de la gare de Koursk, à Moscou, le lundi soir à minuit, j'arrive le mardi matin, à huit heures, à Toula.

Toula est une ville de cent mille habitants. Elle étale dans la plaine la monotone géométrie de ses longues rues rectilignes et de ses maisons de bois, trapues, toutes pareilles, et qui n'ont point d'étages. Toula fabrique des armes, des couteaux, des samovars. Un proverbe dit : « Si tu vas à Toula, n'emporte ni ton samovar ni ton couteau de chasse. » La gare est vaste, sale, huileuse, puante ; il y flotte des relents de thé, de café, d'huile, d'haleines nocturnes, affadis et réchauffés par les poêles qui ne s'éteignent pas ; des paysans, des ouvriers bardés de peaux de mouton, et qui sentent le suint,

Georges Bourdon

circulent sur son pavé gras.

Par chance, je rencontre un employé de qui je puis me faire entendre. Il m'apprend que Iasnaïa Poliana est à douze verstes (quatorze kilomètres environ) de Toula, que j'aurai les plus grandes difficultés à m'y rendre dans la neige, que j'aurais dû descendre à Zasseika, la station suivante, qui n'en est éloignée que de trois verstes. Enfin, il m'indique un hôtel, « le meilleur de la ville », et je dévale en traîneau, dans le froid qui mord à travers la boue glacée de la ville.

À la « gostinitza Vermann », autre affaire. Dans ce « premier hôtel de la ville », on ne parle que le russe et l'allemand. Je ne connais ni l'une ni l'autre langue. On n'y sait pas davantage que certains barbares d'occident ont besoin d'eau chaude pour leur toilette. Après un sérieux labeur, je conquiers un pot de cette merveilleuse eau chaude. Mais comment expliquer que je vais chez le comte Tolstoï, qu'il me faut pour cela un traîneau, que ce traîneau devra me ramener le soir à Toula, et comment discuter le prix ? Avec ce que j'ai retenu de russe, avec ce que je sais d'allemand, avec les ressources restreintes de la pantomime, je m'épuise à exprimer l'idée de « traîneau ». Le jeune directeur de l'hôtel m'écoute, me regarde, fait de son mieux, lui aussi. Enfin, après un long temps, il comprend, son visage s'illumine, et il s'écrie :

— Ah ! ia, ia... Ein « fiacre » ?...

Voilà donc le mot « russe » que je cherchais !

Bref on finit par découvrir dans l'hôtel un voyageur, ancien officier, qui parle français. Il me sert obligeamment d'interprète, et, une demi-heure après, je m'installe dans une boîte sans nom, mal équarrie, accroupie sur deux gros madriers formant patins, et qui n'a même pas de siège. Je m'assieds sur une botte de paille, et l'on me favorise d'une vieille couverture de laine rouge trouée comme une passoire.

La campagne est désolée. Le ciel est gris, maussade, lourdement suspendu au-dessus du sol qu'il prolonge. Ni un arbre, ni une maison, ni un visage humain, ni une forme de bête ne rompt la déprimante monotonie de la neige. L'horizon est court, mais la plaine semble infinie. J'ai l'impression d'être un explorateur qui reconnaît une « terra incognita » des géographies de ma jeunesse. Le chemin est rude, affreux, cahoteux, à peine indiqué par un sillage de traîneau. Sous sa blancheur vierge, à des dépressions soudaines, on devine le sol raviné, défoncé, crevé. Un commencement de dégel a, par endroits, affaissé la neige, y creusant des trous parfois profonds d'un mètre, et le traîneau va lentement, biaisant pour franchir ces abîmes, risquant à toute minute de rester en détresse au fond de l'un d'eux. Mais mon izvochtchik tient bien en main ses deux chevaux ; il est prudent et sagace ; c'est un pauvre homme qui boîte affreusement, d'une jambe démolie ; il a une figure douce, un petit duvet sous son menton rose, de grands cheveux blonds qui s'envolent sous son gros bonnet de peau de mouton ; à toute minute, il se détourne vers moi ; il a des yeux bleus, il rit niaisement d'un air gentil : à défaut de la parole impossible, c'est sa manière de me témoigner ses sentiments sympathiques. Et je ris aussi.

Bientôt, dans le lointain, sur la neige morne, apparaissent des taches grises, qui deviennent des masses noires. La forêt de sapins se dissémine et s'étale à travers la plaine profonde, puis se fond et s'agglutine et, au bout d'une heure, nous sommes au cœur de la forêt, entre des arbres immenses qui portent des chevelures d'argent. La route, maintenant, est large, comme une trouée de lumière dans une masse d'ombre. De distance en distance, à droite, à gauche, nous dépassons de petits groupes de maisons basses, sans étages, qui ont pour murs des poutres assemblées, et, pour toits, des couvertures de chaume. Une usine abandonnée érige tristement sa grande carcasse de fer rouillé. La route s'élargit encore ; mais nous allons la quitter. Sortant du bois, nous nous engageons à droite dans un sentier à peine indiqué par des pas, où nos deux chevaux ne peuvent plus aller de front. Mon homme s'interroge et s'arrête ; j'en profite pour mettre pied à terre et détendre mes jambes engourdies, et j'enfonce dans la neige jusqu'aux genoux. Tout autour de nous, le silence, la solitude, les sapins grêles, l'immensité blanche. Comme nous ne sommes pas équipés pour atteler en flèche, l'homme aux yeux bleus et au menton rose détache l'un des chevaux, l'installe derrière le traîneau, et, assis de côté, à califourchon sur son siège, alternativement attentif à l'avant et à l'arrière, de la main droite il conduit, et, de la gauche, tient la bride du cheval dételé, qui trotte derrière nous et m'envoie son haleine dans le cou. Et l'homme ne cesse pas de rire.

Georges Bourdon

Dans ce pittoresque équipage nous obliquons à gauche, tournons à droite, passons entre deux forts piliers de pierre et de brique, qui se terminent en cônes et semblent les deux montants de la porte absente d'un château-fort, et nous voici dans une allée bordée de jeunes sapins : je suis chez Tolstoï.

Tout au bout, à un détour, apparaît, entre les arbres, la petite maison. Elle est blanche, elle n'a qu'un étage, elle est environnée de paix et de silence, nul mouvement n'y décèle la vie : un sage y habite. À quelque distance, à gauche, s'alignent les deux douzaines de maisons de bois du hameau.

Je sonne à la porte, qui est de cuir, avec des clous de cuivre et abritée sous un auvent. Un domestique ouvre ; je franchis la seconde porte ; on m'introduit dans l'étroite bibliothèque du rez-de-chaussée, et j'attends.

J'éprouve le petit frémissement que l'on doit ressentir, quand on s'approche du cratère d'un volcan. J'ai peur d'avoir peur. Je vais voir Tolstoï ! Je ne sais point d'homme à qui ses livres dessinent dans les imaginations une figure plus souveraine, plus impressionnante, plus démesurée, et Tolstoï, qui, dans les siens, a versé la substance de son âme, m'apparaissait comme un bon Dieu biblique, infiniment fort, infiniment bon, inflexible à l'injuste et rude au mal, et plus redoutable par l'infinité même de sa perfection.

J'étais poussé vers lui par une vénération fervente, par un entier acquiescement aux œuvres de son génie littéraire, et aussi par le désir de connaître en lui un exemplaire d'humanité supérieure. Mais ce bon dieu de légende n'était qu'un homme pourtant, et l'homme surpris dans l'intimité de la vie coutumière ne ferait-il point tort au bon Dieu ? Les grands esprits sont des planètes dont il faut aimer la lumière bienfaisante, mais sur lesquelles il ne convient pas toujours de promener les lunettes des observatoires. Puis, de quels sommets supérieurs ne devait-il point considérer les curieux de mon espèce ? Certes, je le savais accueillant et simple. À l'ami qui avait bien voulu lui demander de m'ouvrir son logis, il avait télégraphié ces deux seuls mots d'une locution russe, *milosti prosim*, littéralement intraduisibles, et qui correspondent à notre : « Qu'il soit le bienvenu ». Ce souhait cordial me ravissait. Mais qu'étais-je autre chose pour lui que le passant de rencontre qui pénètre dans la maison du travailleur et trouble sa vie indiscrètement ? Et je me demandais peureusement s'il consentirait à parler avec moi des choses dont je souhaitais l'entretenir...

Je n'attendis pas longtemps. Au bout de peu de minutes, un pas lent descend les marches d'un escalier, la porte s'ouvre, et il paraît.

Il fait trois pas dans la petite pièce ; il a, par un geste qui lui est habituel, la main gauche suspendue par le pouce à sa ceinture de cuir, la main droite tendue, un large sourire dans sa grande barbe, et c'est en effet le bon Dieu des maîtres italiens que je vois soudain debout devant moi. Il porte une blouse grise ouverte sur son cou, et qui laisse voir, à travers la barbe, une chemise blanche sans col, un ample pantalon, des pantoufles de cuir ; mais ce n'est pas ce costume, popularisé dans le monde par l'illustration, que j'aperçois d'abord : c'est la grandeur saisissante de sa face. Comme on re- présente le père des hommes dans les fresques tumultueuses, tout en lui est démesuré : son front, haut et vaste comme la muraille d'une citadelle, son large nez, sa bouche épaisse, la broussaille grise de ses sourcils, de ses moustaches, de sa barbe de margrave, ses amples oreilles, ouvertes comme des prises d'air de navire, mais surtout ses yeux gris bleu, le regard aigu de ses yeux profonds, qui brillent comme des foyers, crépitent comme des cratères, et, quand ils fixent sur vous la flamme noire de leurs pupilles, se posent sur votre âme.

Il dit :

— Soyez le bienvenu chez nous, Monsieur.

Il s'informe de la manière dont j'ai fait le voyage et, m'entraînant aussitôt à travers le vestibule, il me conduit à la salle à manger du premier étage :

— Ne prendrez-vous pas un peu de café ? Il faut vous réchauffer.

Alors, dans la grande salle à manger blanche, il me fait asseoir de- vant une longue table rectangulaire, où chauffe, sur la nappe, le sa- movar de cuivre. Lui-même prend place en face de moi, et, comme je m'excuse d'arriver si tard dans la matinée, contre mon gré, il fait :

— Non, non, c'est très bien ainsi. Si vous étiez venu plus tôt, je n'aurais pu vous donner tout le temps que je souhaite. Je réserve mes matinées au travail : ce sont mes heures préférées.

Georges Bourdon

En peu de mots, je conte l'aventure de mon voyage, mon départ de Moscou, la gare de Toula, l'hôtel Vermann, les quatorze verstes de neige. Tolstoï écoute ce récit avec une attention scrupuleuse, ses yeux flamboyants enfoncés en moi, comme s'il entendait des choses essentielles. Et lorsque j'ai fini :

— Eh bien, voici. Tout à l'heure, je vous demanderai la permission d'aller travailler. Nous nous reverrons dans l'après-midi. Mais c'est ce soir surtout que nous causerons à loisir. Peut-être encore, si vous aimez marcher et si la neige ne vous fait pas peur, pourrons-nous faire une promenade ensemble, vers quatre heures. Et vous coucherez ici, bien entendu ?

Je m'excuse : je n'avais pas prévu cette généreuse proposition, mon bagage est resté à Toula…

— Je le regrette, fait-il ; ce sera comme vous voudrez. Vous êtes ici chez vous, tout à fait chez vous. En attendant, il faut renvoyer l'équipage qui vous a amené. Vous avez un train vers minuit à Zasseika, et, si vous tenez absolument à partir aujourd'hui, un traîneau vous y conduira ce soir. Vous aviez fait sans doute un prix avec votre cocher ?

— Oui, six roubles.

— Six roubles !… Six roubles !… Mais c'est beaucoup trop cher ! Qui vous a indiqué ce prix ?

Léon Nicolaïévitch s'est renversé sur sa chaise et son visage s'épanouit largement. Je fais valoir que mon cocher devait me ramener, que je lui prenais toute sa journée, que c'est un pauvre homme, qu'il est légitime qu'il profite un peu du passage d'un étranger… Mais il n'est pas convaincu. Il continue de s'amuser de mon ingénuité. Il fait : « Enfin ! » se lève pour aller appuyer sur un bouton électrique, et un domestique paraît, à qui je remets la somme convenue.

Pourquoi riait-il ? Ce n'était pas sécheresse de cœur. Si généreux, Tolstoï est un logicien et un doctrinaire. Le cœur, chez lui, après qu'il a suscité le travail cérébral, abdique par système devant la pensée. Il professe que le bonheur des hommes est en raison inverse de leurs besoins. Payant à mon cocher un prix excessif, je risquais de créer en lui du désir. Et il riait non de ma candeur, mais de mon ignorance. Ce n'est que plus tard que je compris cela.

Le comte Tolstoï a la voix nette et bienveillante, grave, sans rudesse. Il s'exprime en français avec une abondance aisée, cherchant quelquefois ses mots, les trouvant toujours ; son langage est simple, précis, réfléchi ; sa courtoisie extrême se marque dans sa conversation, dans ses gestes, dans ses silences, dans ses regards, dans toute sa personne mesurée et sévère : le seigneur de Iasnaïa Poliana a pu se priver de ses biens, se mêler à la vie des paysans, se vêtir à leur manière, donner pour garant de l'apostolat de sa parole l'apostolat de sa vie, il est demeuré le seigneur, et c'est un gentilhomme qui reçoit sinon dans ses terres, du moins dans le domaine de sa pensée.

Ses hautes épaules sont à peine voûtées ; sa tête, qui cède au poids du front chargé de méditation s'incline légèrement en avant ; et parfois il se redresse brusquement, comme un lion secoue sa crinière, rejette la tête en arrière, fait saillir sa poitrine qui se gonfle, et passe, sous sa ceinture dé cuir verni, ses deux vastes mains ouvertes. Alors il parle avec une richesse renouvelée, d'une voix plus rapide et plus ample ; c'est, dans ces minutes, comme s'il sortait soudain de soi-même et répandait autour de lui les biens de son âme : et il ressemble alors, avec son visage puissant et hardi, à une bête glorieuse qui se lève du coin d'ombre où elle méditait, et, se dresse au seuil de sa caverne pour y respirer plus largement.

Sitôt expédié mon « équipage », Tolstoï croise les jambes, et, tout de suite, il me dit :

— A-t-on des nouvelles à Saint-Pétersbourg ?

Je dis ce que je sais, et j'ajoute :

— Est-ce que vous suivez exactement les événements de la guerre ?

Alors il fait, de la main droite, un grand geste désolé :

— Comment se désintéresser d'un pareil conflit ? Comment se désintéresser de cette guerre, de n'importe quelle guerre ? C'est un grand sujet d'affliction que ces batailles entre les hommes.

Je levai les yeux au-dessus de sa tête. En face de moi, derrière lui, je vis, piquée au mur par des épingles, une carte française de la Corée et de la Mandchourie.

Je dis :

— Mais cette guerre n'est pas seulement le conflit de deux peuples. Elle jette l'une contre l'autre deux races. Quelles conséquences, se-

Georges Bourdon

lon vous, de la victoire de l'une ou de l'autre ?

— Qu'importe ! Je ne distingue pas entre les races. Je suis pour « l'homme » d'abord ; qu'il soit russe, qu'il soit japonais, je suis pour l'ouvrier, pour l'opprimé, pour le malheureux, qui est de toutes les races ; et, quoi qu'il advienne, quel sera, pour lui, le gain de celle rencontre ?... Elle montre douloureusement à quel point les hommes oublient ou ignorent la notion du devoir. Faire son devoir, sait-on seulement ce que ces mots-là expriment ? Supérieur aux devoirs que l'on rend à la famille, à la patrie ; à la société, il y a le devoir envers Dieu, « si vous me permettez ce mot », ou, si le mot vous gêne, envers le Tout, avec un grand T. Ce Tout, que j'appelle Dieu, est au-dessus des controverses individuelles. Quoi que je fasse, je ne puis faire que je n'appartienne pas à un ensemble, que je ne sois pas partie dans une harmonie. La conscience que j'ai de la relation de mon être avec cette harmonie, c'est ce que l'on appelle habituellement l'esprit religieux, et c'est cette conscience qui nous dicte nos devoirs. Mais ces notions essentielles, les hommes les oublient. Lisent-ils seulement le livre des livres, l'Évangile ? Et ils s'obstinent dans l'état de barbarie. Et nous les voyons alors s'engager délibérément dans des guerres affreuses, sans se dire que le premier devoir, l'essentiel devoir d'êtres pensants est d'abolir la guerre.

Le maître fit une pause et, d'une voix plus basse, il reprit :

— Mais les hommes vont comme des fous, comme des machines aveugles qui tournent, qui broient, qui détruisent au hasard. Le sentiment de la responsabilité n'est nulle part. Et chacun transporte sur le voisin le poids de ses propres fautes. Pour moi, suis-je empereur, ministre, journaliste, soldat, je me dis : As-tu le droit d'ordonner la guerre, ou de la subir, ou de la conseiller, ou d'y pousser, ou de l'accepter, ou de la servir ?... Non, quoi qu'il arrive, sous aucun prétexte, pour quelque cause que ce soit, non, tu n'as pas ce droit, car il n'est pas de guerre, non, pas une, qui vaille le sacrifice d'une seule vie humaine, ni même la dépense d'un seul kopek. Empereur, ministre, journaliste, soldat, tu es un homme, tu n'es qu'un homme. Tu as été jeté sur la terre pour une fin supérieure et pour une tâche que tu ne rempliras point tout entière, car tu es chétif, mais vers laquelle tu dois te hâter sans repos. Tu manques à cette tâche et tu renies ton destin, si tu commandes la violence, ou que tu y provoques, ou que tu la prépares, ou que tu l'excuses, ou que tu consentes à l'accomplir. Il n'est pas de loi supérieure à la répudiation du meurtre ! — Et quand je me suis dit cela, empereur, ministre, journaliste, soldat, plutôt que d'accepter la plus petite part de responsabilité, fût-elle infime, dans le fait de la guerre, je me révolte, et je garde, avec la conscience de mon devoir, la volonté de l'accomplir. Et, s'il dépend de moi, plutôt que de me résigner, j'abandonne aux Japonais Pétersbourg, Moscou, Iasnaïa Poliana, tout ce qu'ils exigeront !... Hélas ! qui s'avise de penser au devoir ? Qui s'avise aussi de penser à la raison ? Car il y a quelque chose de plus affligeant encore, s'il est possible, que le spectacle de la guerre, c'est le spectacle de la faillite de la raison humaine !

Le vieux maître s'exprimait avec une conviction tranquille, de sa voix douce et grave : j'imaginai que saint Paul, prêchant les Corinthiens, leur tenait des discours semblables à celui que j'entendais. Et je me rappelai cette parole de l'apôtre : « Comme il y a un seul pain, nous qui sommes plusieurs, ne faisons qu'un seul corps ; car nous participons tous au même pain. »

Cependant je dis :

— N'admettez-vous pas ceci : que des portions d'humanité — ou plus anciennes, ou placées dans des conditions ethniques, climatériques, historiques, plus favorables — se sont élevées dans la civilisation plus haut ou plus vite que d'autres ? Et ne pensez-vous pas qu'il soit désirable, dans l'intérêt même du progrès humain, qu'au lieu de vivre égoïstement pour eux et sur eux, ces hommes privilégiés profitent de leur force attractive pour entraîner les retardataires ?

— Oui, je sais, c'est ainsi que l'on raisonne, que raisonnent du moins beaucoup de personnes prétendues sages, et ce raisonnement est commode pour justifier toutes les entreprises, les meilleures et les pires. J'admets cependant ce raisonnement. Je consens que la civilisation porte en elle une force active et éducatrice. Mais où est, je vous prie, la civilisation ? Pourquoi voulez-vous que je la place en Europe ? Parce que les Européens, qui se sont créé, contre les volontés naturelles, des besoins artificiels, occupent leur génie à les satisfaire ? parce qu'ils ont, inventé les chemins de fer, le télégraphe, le téléphone, que sais-je encore ?... Mais toutes ces acqui-

Georges Bourdon

sitions de la prétendue civilisation m'apparaissent comme des inventions de barbarie. Elles servent et flattent les plus bas instincts de l'homme. Bien loin qu'elles lui confèrent quelque supériorité morale, je vois, au contraire, que l'emploi qu'il donne à son intelligence est le plus souvent en vue du mal, non du bien.

— Voyez pourtant : il ne crée pas seulement des outils de guerre ou des instruments de jouissance matérielle. Il crée aussi des machines...

— Oh ! oh ! les machines !...

— Les machines diminuent sa fatigue, restreignent son effort physique. N'est-ce rien qu'il puisse consacrer à la culture de son intelligence, à son développement moral, à la connaissance de son être, un peu du temps gagné sur le labeur manuel ? Supposez qu'un inventeur trouve un jour une machine qui mécaniquement arrache le charbon de la mine...

Mais Tolstoï m'interrompt, et, vivement :

— Le travail est bon et sain. C'est une chose excellente, et agréable, et amusante, que le travail. Quoi de meilleur au monde que le travail ?

— Le travail, oui, non l'abrutissement. La vie du mineur, par exemple, est un servage affreux.

— Oui, oui, c'est vrai. Mais il n'y a de durs travaux que parce qu'il y a des besoins violents. Restreignez vos besoins, vous épargnerez des fatigues sans nombre à une multitude de vos semblables. De quelle utilité essentielle me sont ce samovar, ce plateau, cette nappe, l'arrangement de cette salle, et tout ce confort où je vis ici ? Ne saurais-je continuer d'être, si j'en étais privé ? C'est pourtant afin de me conférer ce bien-être que des hommes, des générations d'hommes, ont pâti, peiné, souffert ! Pourquoi ? Parce que je suis un « homme civilisé » !... Non, ce n'est pas le travail qu'il convient d'abolir, ce sont les appétits qu'il faut dompter. Et les inventions modernes, en aiguisant les appétits, n'aboutissent qu'à perpétuer l'esclavage.

Il continuait de parler, posément, sans éclat, avec cette force tranquille qui dédaigne de s'affirmer à soi-même par des propos sans mesure, et comme un homme qui énonce des idées à ce point évidentes qu'elles ne requièrent nul zèle d'argumentation, et qu'il juge

ENTRETIENS DE TOLSTOÏ

vain de s'y attarder. Et je me sentis un moment très humilié de n'apercevoir point tout de suite cette évidence.

Mais je souhaitais une réponse plus précise à la question d'où avait surgi ce réquisitoire contre la civilisation occidentale, et je la répétai sous une autre forme : puisque la guerre était engagée, puisqu'elle se terminerait par l'avantage de l'un ou de l'autre combattant, puisque le Japon était l'agresseur, n'était-il pas souhaitable du moins, selon la justice, que le Japon subît la peine de son agression ?

Tolstoï secoua la tête :

— Êtes-vous sûr que le Japon soit vraiment l'agresseur ? De celui qui tire le premier coup de canon, de celui qui a poussé, énervé, exaspéré l'adversaire, quel est le responsable ? Entre la Russie et le Japon, qui déterminera l'échelle des torts ? Sans doute, je suis prêt à convenir que, si la Russie a, sans droit, occupé la Mandchourie, c'est sans droit aussi que le Japon prétend y intervenir, et j'accorde que le mikado n'a aucune bonne raison pour se mêler d'une affaire qui n'intéresse que la Russie et la Chine. Mais il y a la Corée, et c'est pour la Corée que les Japonais font la guerre. Si les Russes n'avaient pas montré le dessein de s'y introduire, s'il n'y avait pas là-dessous, à ce que l'on m'a raconté, des histoires d'acquisitions forestières soutenues par la cour, il est bien probable que le Japon n'aurait pas osé commencer. Et si tout ce qui a précédé la période active des hostilités était connu dans le détail, vous verriez sans doute qu'il y a lieu de faire un plus équitable partage des responsabilités.

— Vous blâmez les Russes d'avoir accaparé la Mandchourie, fis-je. Comment excuserez-vous les Japonais de s'établir en Corée ? Ils prétendent, il est vrai, que ce territoire leur est indispensable pour recevoir et nourrir l'excès de leur population, menacée d'étouffement et de famine entre les limites étroites de leurs îles ; mais à son tour, M. de Plœhwe, à tort ou à raison, m'a affirmé à moi-même que, pour des raisons pareilles, la Mandchourie est nécessaire au libre développement de l'empire. Je sais bien que l'une et l'autre de ces affirmations sont contestées par des hommes compétents ; mais si vous acceptez l'une, comment condamner l'autre ?

— Je ne les accepte ni ne les discute. Je ne les considère en aucune manière. Je vois seulement que les Japonais sont installés en Corée et je prends acte de ce fait.

— Ils y sont par violence.

— Je n'en sais rien. Les Coréens ont-ils tenté de s'opposer à leur débarquement ? Au contraire, ils sont d'accord avec le gouvernement de Séoul, ils concluent avec lui des traités ; la population les accueille sans hostilité, laisse à leurs armées le libre passage du territoire, et il m'apparaît donc qu'ils sont fondés à prendre en mains, contre la Russie envahissante, les intérêts de la Corée trop faible. Que les Coréens protestent, vous me verrez avec eux... Mais, encore une fois, que sont toutes ces arguties ? Tant de considérations sur le pourquoi et le comment sont pour moi secondaires. Un seul fait domine l'événement de cette guerre : avancera-t-elle ou retardera-t-elle l'heure de la paix humaine ? Elle la retardera, et voilà ce qui doit faire notre affliction. Le reste ne compte pas. J'entends des Russes, qui aspirent à la liberté et se révoltent sous le poids odieux du régime, soutenir cette thèse : ils disent que l'échec final des armées russes n'atteindrait ni le prestige, ni les forces de vie du peuple innombrable ; qu'il aurait, au contraire, pour résultat certain un affaiblissement et une diminution du régime actuel ; que, même heureuse, la guerre déterminera, par ses répercussions, un ébranlement des indolentes masses populaires ; qu'il convient donc de mesurer dès à présent les bénéfices que l'on en peut recueillir, et que la victoire japonaise ne serait pas de ces faits douloureux dont l'âme russe dût s'épouvanter ; et ils ajoutent que toute circonstance est bonne, tout effort légitime qui hâte l'avènement de la liberté...

« Que voilà un pauvre raisonnement, une méthode sommaire et négligeable ! Du mal ne peut germer que du mal, et, pour le philosophe, la guerre ne sera jamais une condition nécessaire de la paix. La Russie n'est qu'une part de l'univers habité ; au-dessus d'elle, il y a l'humanité ; au-dessus de l'humanité elle-même, il y a le principe de vie ; et c'est l'atteinte portée au principe de vie et à la loi éternelle qu'il faut considérer d'abord. De ce sommet, qu'est le sort particulier de la Russie ? Allons-nous lui subordonner les intérêts essentiels de la vie, les imprescriptibles devoirs moraux ? Négligerons-nous, pour cela, que toute bataille livrée en un point de l'univers a sur l'univers entier des répercussions terribles, et que, bien plus loin que les balles et les obus, elle répand sur toute la terre la contagion du meurtre ?... Tous ces raisonnements sont

puérils. Tenez, quand j'écoute ces Russes aveugles, je pense à un assassin qui, ayant froidement délibéré de vous frapper, hésiterait au
dernier moment et suspendrait son bras, dans la crainte de tacher
votre habit !…

Une fois de plus, je revins à ma question. Mais, une fois de plus, je
m'aperçus bien qu'elle était indifférente à Tolstoï :

— J'entends bien, fis-je, et qui ne répudierait les batailles entre
les hommes ? Mais cette guerre est un fait. Sans en rechercher les
causes, sans distribuer les responsabilités, plaçons-nous devant ce
fait. Il aura sa conclusion. Le progrès humain n'est-il pas intéressé
à ce que cette conclusion se produise dans le sens de la civilisation,
au profit de celle des deux parties qui semble, pour le moment,
avoir de la fonction humaine une conception plus haute — je veux
dire de la Russie ?

— Cela est égal. L'humanité, la civilisation perdront autant au
triomphe de l'une ou de l'autre.

— Pourtant, que les Japonais l'emportent, il en résultera, à leur
profit, dans tout l'Extrême-Orient, une prééminence certaine, qui
se manifestera par une expansion de l'âme japonaise.[1] Or, on les
dit querelleurs, durs, cruels ; ils pratiquent les supplices ; on les
représente hostiles aux étrangers. Leur apparente civilisation n'est,
paraît-il, qu'un décor de façade. Ce qu'ils ont emprunté à l'Europe,
ce sont ses canons, ses cuirasses de bateaux, ses organes militaires
et politiques — des armes pour la mieux battre. Et nous les voyons
à présent se manifester pour la première fois au monde dans le
fracas des torpilles meurtrières, entourés de l'appareil des conquérants. Ils ont bien l'air de servir les appétits d'un nationalisme éche-
velé, la forme la plus abjecte de l'idée de patrie et la pire condition
morale pour un peuple doué de quelque faculté de raisonnement.
Il semble donc qu'au fond d'eux-mêmes, dépouillés du masque ci-
vilisateur, ils soient restés pareils ; ne représentent-ils pas, en face
du Slave nonchalant et pacifique, une force de barbarie active ?

Ayant de la sorte instruit le procès des Japonais, j'attendis la réponse. Tolstoï ne se hâte jamais de parler : la Vérité a pour elle
l'éternité. M'ayant écouté avec attention, il répliqua doucement :

— Les Japonais sont-ils vraiment ce que vous dites ? Je ne le crois

---

1 Sur cette question, v. l'*Appendice*.

Georges Bourdon

pas du tout. Et j'en voudrais avoir d'abord la démonstration. Ils sont ce qu'ils sont, voilà tout, avec des qualités et avec des défauts, et qui doivent être communs à beaucoup d'autres hommes. Ils ont emprunté, dites-vous, à la civilisation occidentale ce qu'elle a de pire ? Eh ! c'est bien possible. Il y a un auteur que je relis souvent, c'est Pascal ; Pascal a écrit à peu près : « On n'imite pas la chasteté d'Alexandre le Conquérant, mais on tâche de l'imiter dans ses conquêtes.[1] » De même, il est bien probable que le Japon n'a imité l'Europe que dans ses tares. Mais il garde quand même ses caractères propres. Et il poursuit son évolution, comme nous poursuivons la nôtre. Et soyez sûr que son tour viendra : il se développera et se perfectionnera selon la loi générale...

Comment n'être pas saisi de la terrifiante assurance de cet invulnérable affirmateur ? À mesure que je l'écoutais, j'évoquais la doctrine exprimée dans ses livres, et j'apercevais l'énorme simplicité de l'Absolu axiomal d'où sa raison commande comme de la tour d'une forteresse. Celte doctrine, sa ferme parole la projetait à mes yeux avec une violence aiguë, et je la voyais surgir dans son impassibilité mathématique. J'avais devant moi le plus forcené logicien que le monde ait jamais vu. Que Tolstoï ait foi en l'indéfini perfectionnement des espèces et des races, ce n'est pas là le merveilleux, et la science, avant lui, l'a établi avec une rigueur à peu près définitive. L'extraordinaire, c'est la certitude victorieuse avec laquelle il proclame sa foi. Mais j'ai tort : Tolstoï ne proclame pas, il constate. Il constate l'évidence, non pas celle qu'il considère comme telle, mais l'évidence absolue, l'irrésistible évidence qui doit, selon lui, apparaître à tous les hommes, sous réserve de leur intelligence, de leur sincérité, de leur bonne volonté.

---

1 « L'exemple de la chasteté d'Alexandre n'a pas tant fait de continents, que celui de son ivrognerie a fait d'intempérants. On n'a pas honte de n'être pas aussi vertueux que lui, et il semble excusable de n'être pas plus vicieux que lui. On croit n'être pas tout à fait dans les vices du commun des hommes, quand on se voit dans les vices de ces grands hommes ; et cependant on ne prend pas garde qu'ils sont en cela du commun des hommes. On tient à eux par le bout par où ils tiennent au peuple. Quelque élevés qu'ils soient, ils sont unis au reste des hommes par quelque endroit. Ils ne sont pas suspendus en l'air et séparés de notre société. S'ils sont plus grands que nous, c'est qu'ils ont la tête plus élevée ; mais ils ont les pieds aussi bas que les nôtres. Ils sont tous à même niveau, et s'appuient sur la même terre ; et par cette extrémité, il sont aussi abaissés que nous, que les enfants, que les bêtes. » (Pascal, *Pensées*, Ire partie, art. IX.)

Il a, une fois pour toutes, admis comme irrécusables quelques principes, desquels il tire les conséquences rigoureuses, jusqu'à la plus lointaine. Et ainsi il fonde un système dont toutes les parties s'enchaînent nécessairement, et qui est bien, en effet, la Vérité totale, à la condition que les prémices soient la Vérité essentielle. Et il méprise la vie des corps pour exalter la vie des âmes, il enseigne la privation et l'abstinence comme la fin suprême, il appelle civilisation ce que le monde regarderait comme une condition voisine de l'état de nature, il condamne les conquêtes et l'effort libérateur de notre civilisation dans l'ordre physique comme les marques de la pire barbarie ! Dès lors, si indulgent que soit le génie du maître, comment discuter avec lui ; si l'on a eu cette témérité de vouloir discuter avec Tolstoï ? Qu'importent pour lui les faits particuliers et les contingences vitales ? Il n'est pas pour lui de contingences, car il foule les champs de l'Absolu, et il n'accueille les faits que pour les plier à ses principes.

Est-il possible, cependant, est-il scientifique, d'ériger un système du monde et de formuler les lois de l'humanité vivante, sans tenir compte des faits, c'est-à-dire de la vie ? Est-il possible du moins de n'en tenir compte que dans la mesure où ils concourent à une doctrine et servent un idéal ? Et l'innombrable multitude de nos âmes diverses et pareilles, l'infinie variété de nos vies dispersées, tout le verger et tout le fumier du génie humain, tout cela n'est-il qu'une matière à syllogisme, d'où jaillira en conclusion une formule éternelle ?… De ce sommet où Tolstoï a reçu dans un éblouissement les tables de la Vérité, l'événement de la guerre japonaise est une péripétie affligeante, considérable dans ses conséquences, grave par ce qu'elle signifie, mais le problème des races n'est une question que pour les débiles de mon espèce. Et, bien que la bonté de Tolstoï soit infinie, bien que ma gratitude s'enorgueillisse de s'humilier devant l'hôte affectueux et le causeur généreux qu'il voulut être pour moi, je sentis obscurément, sans qu'il le laissât paraître, à quel point ces discussions lui semblaient vaines, et combien elles rabaissaient le vaste problème humain où plonge sa conscience.

Je venais de finir ma tasse de café. Tolstoï se leva. Son beau visage bienveillant se pencha en souriant :

— Il faut que je vous laisse. Je retourne à mon travail. Vous aussi sans doute vous désirerez vous reposer, après cette nuit passée en

Georges Bourdon

chemin de fer ; ou peut-être avez-vous à travailler. Vous trouverez à la bibliothèque tout ce qu'il vous faudra. À tout à l'heure. »

III

Je regardai la « chambre » où nous étions. Les Russes nomment indistinctement chambre toutes les pièces d'un appartement. Celle-ci n'est pas seulement la salle à manger. Elle est la salle familiale, où l'on se réunit et se retrouve à toutes les heures de la journée. C'est une grande et longue pièce, qui occupe toute la largeur de la maison. Elle est située à l'une de ses extrémités, et ses fenêtres opposées s'ouvrent, à l'est et à l'ouest, sur les chevelures glacées des arbres gris et sur les champs de neige. Elle est vaste et haute, avec des murs peints à la chaux, où pendent, rangés symétriquement sur la même ligne, en ordre hiératique, comme la frise d'un temple, dix portraits d'ancêtres, dont le temps a satiné les couleurs, et qu'enferment dix cadres pareils, brunis par les années. Dans un coin, une grande table ronde, que recouvre un tapis de laine, et un canapé où quatre personnes tiendraient à l'aise ; le long des murs, des chaises ; tirée vers une extrémité, la table rectangulaire des repas, que ne quitte point sa nappe, avec le samovar important ; contre une paroi, un piano à queue habillé de moleskine ; à côté, une petite table où s'empilent des journaux, des livres de toutes langues, des morceaux de musique. À droite du piano, une porte conduit dans un petit salon, puis au cabinet de travail du maître ; une autre, à gauche, à un vestibule où débouche l'escalier, et qui mène à un second salon et à l'appartement de la comtesse. Nul bruit jamais ne trouble le silence de cette demeure. On y respecte la méditation du patriarche.

Par l'escalier de bois, dont les marches gémissent sous les pas, je redescends au rez-de-chaussée. C'est partout la même simplicité. Des mains qui ne dispersent pas leur activité en inutiles ornements ont meublé cette austère maison. Dans le vestibule, il y a une console, un porte-manteaux, une armoire de livres. Du vestibule, on pénètre directement dans la bibliothèque. Ce sont deux salles, ou plutôt c'est une pièce unique, que partagent des armoires de pitchpin, vitrées et chargées de livres. Dans chacun des deux compartiments, il y a un lit de fer, une table, une cuvette, un pot à eau, du papier, des plumes. Contre un mur, à droite, en entrant, apparaît, dans une niche, un buste de jeune homme qui ressemble à Léon Tolstoï, mais qui est celui de son frère ; et, tout autour, comme les bourgeons d'un arbre généalogique, s'échelonnent des portraits de famille, dont l'un montre le comte Tolstoï déjà dans sa maturité.

Je m'approche de ces armoires, qui éclatent sous l'abondance des livres. Ils sont de toutes langues : russes, allemands, anglais, italiens, français. La plupart ne sont pas reliés, et l'état de leurs dos indique qu'ils furent souvent feuilletés. Parmi les titres français, je note au hasard : l'*Avenir de la Science*, de Renan ; la *Philosophie de l'Art*, de Taine ; la *Chasse aux Juifs*, de Michel Delines ; le *Journal* de Marie Bashkiriseff ; les *Essais* de Montaigne ; les œuvres de Spinoza, de Xavier de Maistre, de Diderot ; et Gœthe, Buffon, Saint-Simon ; l'*Enquête sur l'évolution littéraire*, de Jules Huret, brisée, éculée, bourrée de feuilles de papier marquant des pages ; quelques ouvrages de Jean-Jacques ; les *Lettres de femmes*, de Marcel Prévost ; les *Mémoires* de Mirabeau ; des romans de Zola, etc… Sur une table, les *Affirmations de la conscience moderne*, de Gabriel Séailles.

Tous ces livres sont placés sans ordre, ni d'auteurs ni de matières ni de nationalités ; mais des boîtes de fiches, ouvertes sur un petit meuble, indiquent les références.

Il n'y a point de luxe ici, et le confort y est sommaire. Et bien que la grande paix du logis soit enchantée par la présence d'une noble femme éprise d'élégance et de l'esprit le plus délié, on y sent en toutes choses le resplendissement dominateur de la grande âme qui s'y recueille.

***

J'étais là depuis quelques instants, lorsqu'un jeune homme blond, que je n'avais pas encore vu, et qui est le docteur attaché au comte Tolstoï depuis sa terrible maladie de 1901 vint me dire :

— M. le comte me charge de vous demander si vous voulez bien venir le rejoindre.

Dans la salle à manger, je trouve le maître debout, qui m'attendait, avec une jeune femme brune, qui est la femme de son fils André, et sa blonde petite-fille ; il me présente rapidement et retourne, de son grand pas lent, à son cabinet de travail.

Georges Bourdon

Nous nous mettons à table, la comtesse André, le docteur, la petite-fille, puis une grande jeune fille blonde, « Mlle Alexandrine », qui arrive, me fait un petit salut et s'assied, et mange sans mot dire. Elle a le front large, l'œil énergique et une expression d'intrépidité farouche.

Au tiers du repas, la comtesse Tolstoï entre en coup de vent, robe violette, élégante et simple, jeune visage, cheveux châtains, sans un fil blanc, regard aigu, gestes vifs, parole prompte. Dès le seuil, elle parle, vient à moi, me tend la main, me souhaite la bienvenue, s'informe de mon voyage, ne me laisse pas le temps de répondre, s'assied à table, se sert, cause, passe d'un sujet à l'autre, toujours pressée, toujours pittoresque, dans l'incessante action d'une impétueuse vitalité. La comtesse Tolstoï, épouse d'un homme de soixante-quinze ans, a atteint l'automne de sa vie. Qui le penserait, à la voir si agile, se mouvant perpétuellement parmi les idées et attentive aux milles soucis de l'existence quotidienne ? Le printemps est en elle avec sa sève jaillissante, ses fleurs qui embaument, les caresses de ses tièdes midis, avec tout ce qu'il exprime de vie dans l'épanouissement de ses bourgeons et la chanson frémissante de ses feuilles. D'esprit, de cœur, de propos, d'allures, d'habitudes, elle a gardé une jeunesse que la succession des ans a seulement enveloppée d'un charme pur et d'une grâce indulgente. Et je reconnaîtrais mal la bienveillante hospitalité que j'ai reçue à Iasnaïa Poliana si je ne témoignais en même temps, avec tout le respect qui est dû à cette noble et charmante femme, de l'infinie séduction de sa personne. Tous ceux qui l'approchèrent ont goûté l'attrait primesautier de son esprit, la sagesse de sa raison, les façons qu'elle a de juger choses et gens en négligeant les apparences et les papotages, en considérant les faits dans ce qu'ils comportent de sens général, et c'est là la marque de rares intelligences. Et si son abondance étonne et séduit d'abord, on s'aperçoit bientôt qu'elle n'est que le vêtement léger d'une réflexion exercée.

Après le déjeuner, nous étions demeurés seuls. Elle me contait mille choses de sa vie et de celle de son mari, et, tandis qu'elle parlait, je voyais se projeter à travers ses souvenirs, comme sur un écran, la beauté d'une longue existence de tendresse et de joie. Léon Tolstoï était un grand ami de sa mère, qui avait seulement deux ans de plus que lui. Il avait vu naître, il avait vu grandir la petite fille. Du plus lointain de sa petite enfance, elle apercevait, au foyer familial, l'ami tout jeune encore, presque le frère cadet de la maman, charmant et bon, et qui se mêlait à ses jeux, mais grave déjà, et sa parole mesurée retentissait à ses oreilles d'enfant comme eût fait le verbe de la sagesse éternelle. La petite fille avait une sérieuse déférence pour le grand jeune homme. Peut-être l'aimait-elle obscurément. Mais sait-on jamais ce qui s'agite dans le cœur et l'âme des petites filles ? Et peuvent-elles le discerner elles-mêmes ? Ce dont elle se souvient très bien, c'est qu'elle le vénérait. Elle le regardait comme « le bon Dieu », comme un jeune bon Dieu excessivement séduisant, mais bon Dieu tout de même par ce qu'elle pressentait de la majesté de son esprit.

Et n'était-il pas, pour elle, le bon Dieu ? Qu'est-ce que le bon Dieu pour une petite fille ? Il la distrayait, il l'aimait, il lui parlait ; elle n'entendait de sa bouche que des propos véridiques et élevés ; elle devinait, par un instinct plus sûr que les laborieuses études des grandes personnes, et sans savoir au juste en quoi consistait la pureté, que sa vie était pure, car elle ne le voyait point mentir ni se dépenser en occupations frivoles ; elle distinguait la considération particulière que ses parents lui témoignaient ; et il lui apparaissait comme le modèle de toute perfection.

À onze ans, on lui donna à lire un de ses premiers livres ; la petite fille, qui devenait une jeune fille, s'enthousiasma, et elle sentit grandir en elle l'espèce de pieux respect qu'elle lui rendait dans le fond de son cœur. Et tout à coup, voilà que six ans après, à dix-sept ans, Léon Nicolaiévitch demande sa main ! Il en avait alors trente-trois. Elle a gardé vivace en elle la mémoire de la stupeur émerveillée dont elle fut alors confondue. Le bonheur et l'effroi l'accablèrent dans la même minute, et il en résulta pour elle un grand trouble de cœur et de pensée. Elle ne savait pas si elle aimait son ami, ou plutôt elle ne savait pas qu'elle l'aimait. Elle l'adorait et le vénérait, elle lisait ses livres avec transport, elle avait connu des heures d'inexprimable angoisse, quand jadis il était à la guerre, et souvent aussi elle avait rêvé de lui… mais était-ce cela qu'on appelle l'amour ? Et puis, elle, la petite fille, devenir la femme, la compagne, l'amie du grand homme — car il était déjà, pour elle, le grand homme ! — et entrer dans sa vie, confondre sa vie avec la sienne ?… Elle en demeura épouvantée et ravie. Mais dans un grand élan elle dit oui :

Georges Bourdon

et quelle autre réponse eût-elle pu faire, que son cœur eût ratifiée ?

Sans qu'elle s'en fût doutée, Tolstoï l'aimait. Il avait été, jour par jour, conquis par tout ce que la jeune âme de sa petite amie lui avait successivement révélé de délicatesse, de charme, de bonté intelligente. Dans une lettre qu'il écrivait alors à un confident, il épanchait toute la tendresse anxieuse de son cœur, et il ajoutait que, plutôt que de renoncer à celle de qui il espérait le bonheur de sa vie, il aimerait mieux se loger une balle dans la tête. Propos de jeune homme qui porte encore, avec l'uniforme militaire les préjugés et les tares des barbaries guerrières, mais qui atteste la vigueur du sentiment qui le poussait à celle union.

Ce bonheur, que l'un et l'autre se promettaient avec une ferveur si passionnée, ils en ont longuement goûté la joie sans ombre. Après quarante années de vie commune, ils poursuivent dans la quiétude, sous le fardeau léger des jours heureux, leurs destinées pareilles. La compagne attentive, l'amie tendrement dévouée que la jeune fille promit jadis, en une heure d'enthousiasme, à son glorieux époux, la comtesse Tolstoï le fut, depuis plus de quarante années, avec une orgueilleuse allégresse incessamment renouvelée. Tout ce qu'elle donna d'attachement à son mari, celui-ci le lui rendit en confiance. Elle fut la compagne de son âme en même temps que de sa vie. Pas de projet qu'il ne discute avec elle, point de livre qu'il ne lui soumette d'abord. Elle raconte qu'il lui lut un jour une nouvelle qu'il venait d'achever ; il la consultait ; timidement elle lui dit, avec des précautions :

— Mon ami, je n'ai pas l'habitude de te faire d'observations ; mais nous pratiquons depuis trop longtemps la franchise pour que je puisse te dissimuler ce que je pense. Eh bien, je dois le dire que tel passage ne me paraît pas très heureux.

Alors Tolstoï a ri :

— Je suis de ton avis, et je ne t'avais pas avertie afin de ne pas l'influencer ; mais, dans ma pensée, j'avais déjà supprimé le passage.

Et de cela elle a été contente, contente.

— Et voilà comment nous avons vécu, fait-elle avec la grâce enjouée qu'elle met en tous ses propos, lui faisant ses livres et conduisant les bataillons de ses pensées, moi le regardant faire, en témoin qui surveille et devient quelquefois acteur. Si je considère mon existence, je n'y aperçois que des sujets de contentement. Je reste avec orgueil l'obligée de mon mari, car je sens, avec la même vivacité que jadis, tout ce que je lui dois de gratitude pour avoir élevé jusqu'à lui la petite fille que j'étais et l'avoir associée aux œuvres de son génie. Et cette gratitude ne finira qu'avec ma vie. Je la lui ai témoignée de mon mieux. Je crois lui avoir rendu, en toute circonstance, les devoirs qui étaient miens. Je pense avoir agi toujours, dans la mesure où je le pouvais, ainsi que je le devais. J'ai tâché d'être une bonne épouse et une bonne mère. À notre âge, nous ignorons encore comment deux époux se querellent. Enfin, nous avions tous les deux l'esprit et l'amour de la famille. Je lui ai donné treize enfants, que j'ai élevés avec toute mon âme.

Puis elle ajoute en riant :

— Et, vous voyez, je me porte bien tout de même !

Je lui dis :

— Tout à l'heure, votre belle-fille m'a appris que son mari, votre fils André, est sur le point de prendre du service en Mandchourie. Comment le comte a-t-il accepté cette détermination ? N'en êtes-vous pas, vous-même, surprise et affligée ?

— André veut partir à la guerre. C'est son droit. Mon mari et moi, nous avons toujours respecté scrupuleusement l'indépendance de nos enfants. Il partira donc, et nous n'avons rien fait pour l'en détourner. Il a d'ailleurs pour cela des raisons particulières qui ne sont pas négligeables. Mais que ce soit triste pour nous, c'est une chose évidente. Il laissera derrière lui cette charmante petite fille qui est ici, et sa femme, qui a déjeuné avec nous. Vous l'avez vue : jolie, intelligente, fine, toutes les qualités. Elle se désole, et nous la consolons comme nous pouvons. Mais quoi ! Il reviendra de Mandchourie, et c'est un mauvais rêve que nous aurons fait, voilà tout.

Par elle, j'apprends aussi les habitudes du comte Tolstoï. Il travaille le matin, tous les matins de l'année, sans répit et sans lassitude, fait à trois heures, seul, une légère collation, sort pour sa promenade quotidienne, rentre pour travailler, dîne à six heures à la table de famille, passe la soirée avec les siens et se couche tard. Cette promenade, il la fait chaque jour, par la pluie, le vent ou la neige. Outre qu'elle lui est ordonnée, c'est chez lui un très ancien

Georges Bourdon

besoin, et il n'y renoncera que le jour où ses forces l'abandonneront tout à fait. Dieu merci, ce temps ne semble pas prochain. Il a gardé, avec toute la vigueur de son âge mûr, l'amour du cheval, et, tous les deux jours, c'est à cheval qu'il accomplit sa promenade habituelle. Il suit avec un intérêt passionné les choses de la guerre japonaise, ne laissant point passer un seul jour sans lire et commenter les nouvelles, et c'est au point que, récemment, il est allé à cheval jusqu'à Toula pour connaître plus tôt un télégramme de Kharbine, faisant ainsi, dans le froid et la neige, vingt-huit verstes, près de trente kilomètres !

— Et vous n'êtes pas inquiète, quand vous le voyez partir ainsi, seul, pour un si long trajet ?

— Mais croyez-vous qu'il me prévienne ? Il s'en va sans rien dire, et c'est le soir, au retour, qu'il nous conte négligemment ces belles prouesses !

La comtesse daignait me marquer une si familière bienveillance que je hasardai, avec une intrépide indiscrétion, la question que voici. Il est notoire que, si Tolstoï a dégagé son esprit de toute servitude religieuse, la comtesse a gardé intacte sa foi, et qu'elle pratique avec autant de zèle que jadis, les devoirs de la religion orthodoxe. Un peu plus tard dans la journée, elle m'annonça son dessein d'assister, bien que nous fussions en semaine, à l'office qui devait avoir lieu ce jour-là à l'occasion de la période du carême, donc je lui dis :

— Cette harmonie si parfaite de vos deux existences, comment ne s'est-elle point prolongée dans les idées essentielles ? Et comment avez-vous pu vivre durant quarante années dans le rayonnement d'un tel génie sans en être totalement pénétrée ?

— Nous sommes d'accord à peu près sur toutes choses. Mais je comprends, vous pensez à la question religieuse ? Nous n'en parlons pas, nous gardons chacun notre croyance. Comment en serait-il autrement ? Songez à ceci. Jadis il croyait comme moi. Nous allions ensemble à l'église. Nous priions ensemble, et nous priions pour les mêmes choses. Un beau jour, il me dit : « Tout cela n'est que mensonge. Je n'irai plus à l'église. » J'ai accepté, j'ai admis, j'ai respecté ce revirement de sa pensée. Mais par quel miracle y aurais-je adhéré d'emblée ? Il avait longuement, sans doute, médité sur les choses religieuses ; l'évolution laborieuse de son esprit aboutissait ce jour-là à son terme ; il suivait silencieusement sa ligne. Mais moi, je suivais aussi la mienne de mon côté. Et quelle fatalité eût pu les faire parallèles ? Comment deviner, comment ratifier tout ce qui s'élaborait lentement au fond de lui ? Comment le suivre à travers toutes les étapes de sa raison ? S'il avait suffi d'un mot de lui pour ruiner toutes les croyances de ma vie, qu'est-ce que je serais ? Une… comment appelez-vous cela ?… une chose qui tourne sur les maisons… une girouette. C'est cela, je serais une girouette !

À ce moment survient le comte.

— Tu sais, Monsieur Bourdon est en train de faire mon examen de conscience. Il me demande pourquoi je n'ai pas, en religion, les mêmes idées que toi…

Tolstoï sourit largement, les deux mains au ventre, dans sa ceinture de cuir.

Soudain, avant que j'aie eu le temps de m'en apercevoir, la comtesse a disparu dans ses appartements, et de nouveau me voici seul avec le maître. Nous marchons doucement à travers la pièce.

— Alors, fait-il, vous me disiez tout à l'heure qu'on se passionne en France pour la guerre ?

— Oui, autant que j'en puis juger par nos journaux et par les lettres que je reçois. Mais j'ai quitté la France avant la rupture diplomatique, et je ne puis vous donner d'impression directe.

— Cependant l'extrême-gauche, les socialistes, parlent contre la guerre, et ne sont pas tendres pour la Russie ?

— Vous connaissez leurs raisons. D'abord, ils attribuent à la Russie la responsabilité initiale du conflit ; ensuite ils redoutent qu'une guerre heureuse n'y affermisse le régime autoritaire ; enfin ils lui en veulent d'avoir donné un démenti si brutal à la propagande de paix universelle qu'ils poursuivent. Vous avez lu sans doute le discours de Jaurès à Saint-Étienne ?

— Oui, je l'ai lu. Mais je ne suis pas convaincu ; car les socialistes, au fond, ne répudient pas la guerre. Au congrès de Zurich, je crois, un Hollandais se leva et proposa une motion en faveur de la grève des soldats. Alors Bebel s'y opposa violemment, par des arguments purement bourgeois, arguant notamment que les Français en profiteraient aussitôt pour fondre sur l'Alsace et la Lorraine. Exemple décisif. Non, les socialistes ne se sont pas vraiment libérés du vieil instinct guerrier ; ils font de beaux discours : que le prétexte patriotique entre en jeu, les voilà pareils aux bourgeois.

J'oppose à Tolstoï la sincérité et la vigueur de la propagande socialiste en France. Je rappelle les discours de Jaurès sur la Triple-Alliance, sur l'Alsace-Lorraine, qu'il me dit avoir ignorés, le courage dont le grand orateur a témoigné alors, les injures dont la presse nationaliste l'a accablé ; je rappelle ceux de Pressensé.... Mais Tolstoï hoche la tête :

— Des discours, rien que des discours. Mais, je vous le répète, qu'une question dite patriotique se pose demain devant le Parlement français, que l'opinion s'enfièvre pour la guerre, vous verrez Jaurès céder et voter avec ceux qui le vilipendent aujourd'hui.

— Ce n'est pas sûr. Il est impossible, en tout cas, de décider sur une hypothèse. Ce que je sais, c'est que Jaurès est une conscience admirable, d'une pureté et d'une loyauté certaines. Mais il n'est pas un spéculatif. Il est homme politique, c'est-à-dire réaliste.

— Je ne distingue pas entre l'homme de pensée et l'homme politique. Leur responsabilité est égale.

— Soit. Mais la force de l'homme politique est dans l'action qu'il exerce. Il subit en revanche des réactions. Et l'on peut se demander si, résistant à celles-ci au risque de ruiner celle-là, il ne ferait pas œuvre téméraire en compromettant, par une impuissante intransigeance, l'influence réelle et bienfaisante qu'il possède légitimement. Il est possible, en effet, que tel cas se présente où Jaurès votera la guerre, et encore j'en doute fort ; mais ce qui est certain, c'est qu'il aura auparavant donné de tout son effort pour la conjurer, et qu'il se sera d'abord, et de toutes les forces de son cœur et de son âme, mis en travers de l'œuvre mauvaise. Est-il donc légitime de prétendre que le socialisme ne soit pas foncièrement, honnêtement, virilement pacifique ?

— Oui, oui, je vous comprends, tout homme politique est, par là même, un opportuniste. Et voilà justement le grand malheur !

Et Tolstoï regarde le ciel et lève la main avec découragement.

ENTRETIENS DE TOLSTOÏ

IV

La comtesse m'a proposé de faire dans la journée une promenade en traîneau. À quatre heures, elle arrive dans la salle à manger, en toque de fourrure et voilette blanche :

— Vous êtes prêt ? Allons !

Tolstoï vient d'entrer, et il est assis au bout de la grande table, les deux coudes sur la nappe, la tête inclinée, devant une tasse de café au lait.

— Peut-être veux-tu retenir M. Bourdon ?

— Je suis un peu las. J'ai beaucoup travaillé. Je préfère sortir seul. Nous causerons ce soir.

À la porte, deux jolis chevaux blancs, souples et nerveux, narines au vent, attelés en flèche, reniflent l'air glacé, et nous partons à travers la neige. Derrière nous, un second traîneau emmène, avec la jeune femme du comte André, Mlle Alexandrine, que j'ai entrevue au déjeuner, silencieuse et farouche. C'est Mlle Alexandrine qui conduit. À un détour du chemin, je regarde en arrière, et je l'aperçois, enserrée dans son manteau gris croisé sur la poitrine, avec un col droit d'astrakan gris et une toque pareille. Elle a les yeux ardents, le teint coloré par la bise, la bouche entr'ouverte, comme pour aspirer davantage l'air rude, et, débordant sa toque, les flammes fauves de ses cheveux, au vent de la course, fouettent follement ses joues et ses oreilles. Elle se tient droite, le buste large, les coudes au corps, les deux mains, hautes et solides, serrant fortement les rênes, emportée dans une ivresse d'espace. Sur la lisière sombre de la forêt, avec sa grise et souple silhouette au-dessus de la mer de neige, avec ses cheveux fous et son visage intrépide, frémissante de force avide et de beauté sauvage, messagère d'Odin chevauchant les nues, elle glisse dans un vol d'épopée, pareille à une figure de légende.

Je ne puis me tenir de dire à la comtesse :

— Retournez-vous, Madame. Voyez cette Walkyrie. Qui donc est-elle ?

La comtesse part d'un grand éclat de rire :

— Comment ! Vous ne savez pas ? Mais c'est Alexandrine, c'est

Georges Bourdon

Sacha, notre fille cadette ! Elle a dix-neuf ans. Elle est de l'année de la *Sonate à Kreutzer*. Vous la voyez, elle se plaît à tous les exercices physiques, à tous les jeux violents, elle aime le froid, la neige, les rudes hivers, dédaigneuse des recherches de toilette, des mille petites coquetteries des femmes. C'est un tempérament ardent, un cœur viril. Avec cela, une fierté et une noblesse d'âme indomptables. Ah ! elle est bien la fille de son père ! Il faisait autrefois, pour nos paysans, un cours où il leur enseignait les premiers rudiments de la connaissance. Depuis qu'il a dû y renoncer, c'est Sacha qui le remplace. Tous les matins, elle réunit en classe les enfants du village. Elle n'y met point d'ostentation ; à peine nous en parle-t-elle. Ce qu'elle considère comme son devoir, elle l'accomplit avec une science silencieuse et une passion discrète. Elle est la bonne fée de tous ces petits enfants. Oui, oui, c'est une jolie nature, notre Sacha. Du reste toutes nos filles sont charmantes ; pourquoi ces diables de fils ne leur ressemblent-ils pas ? Je dis toujours à mon mari : « Je t'ai fait des filles qui sont des perfections, et tu n'as seulement pas été capable de m'élever des fils pareils ! »

La comtesse lâchait toutes ces choses avec une grâce enjouée, et il était évident qu'elle pensait de ses fils beaucoup moins de mal qu'elle ne s'efforçait d'en dire.

Tout d'un coup, notre cheval de flèche prend peur, se cabre, recule, fait mille gambades et mille tours, entraîne son camarade, et le traîneau pirouette, et nous sommes menacés de choir dans les fossés du chemin. J'admire le sang-froid de Mme Tolstoï. Il lui suffirait d'écarter le tablier du traîneau bas, de poser le pied à terre, pour être à l'abri de tout événement désagréable. Elle n'essaye pas un mouvement, et, d'une voix tranquille et nette, en mots brefs elle indique posément au cocher ce qu'il doit faire. Enfin la bête maîtrisée se calme, nous repartons, et la conversation reprend comme si rien ne l'avait interrompue. Pendant ce temps, j'évoquais, en pareille occurrence, les petits cris apeurés de beaucoup de femmes que nous connaissons tous.

Il n'est pas aisé d'exprimer les mille aspects de la causerie si vivante, variée, familière et pittoresque de la comtesse Tolstoï. Elle parle par petites phrases courtes, lance une boutade, rit, change de sujet, toujours sérieuse avec une allure légère, femme de tête et d'esprit tout ensemble. De qui parlerions-nous, sinon de son glorieux mari ?

— Oh ! vous savez, nous faisons très bon ménage tous les deux, mais il a ses idées. Par exemple, il ne veut pas de tapis ; il dit que les tapis sont des nids à poussière, et que condamne l'hygiène ; tout de même, je lui en avais acheté un à mettre sous ses pieds quand il travaille : il a fallu l'enlever. Et dans toute la maison nous avons des parquets cirés. Cela ne vous dit rien ? C'est toute une complication, un parquet ciré. En Russie, les domestiques ne cirent pas ; à la ville on fait venir des spécialistes frotteurs ; je ne puis pas cependant en avoir un à demeure à Iasnaïa Poliana ! mais j'ai fini par trouver un valet de chambre qui, par grâce, veut bien consentir à frotter.

« Il n'admet pas non plus que l'on change quoi que ce soit à l'arrangement de la maison. J'avais fait venir une table d'acajou, d'ailleurs très simple, pour remplacer celle de la salle à manger, qui est un peu antique. Il m'a dit : « À quoi bon ? Ta table est inutile ; la nôtre est encore très solide. » Et j'ai dû renvoyer la table d'acajou…

Il y a des femmes artificieuses qui trichent sur leur âge. La comtesse Tolstoï, qui pourrait là-dessus défier tous les docteurs en sagacité, n'a pas de ces ruses fragiles. Elle aime parler de son âge, de ce qu'elle appelle, sans conviction, sa « vieillesse », évoquer la longue chaîne des jours passés. Sur un mot d'elle, je fais en souriant :

— Comtesse, vous parlez trop souvent de votre âge pour qu'on y croie. Permettez que je vous le dise, c'est de la coquetterie.

Alors elle rit :

— Eh bien, oui, j'y mets de la coquetterie. Je suis très fière de ma santé. C'est mon orgueil et ma faiblesse. Vous savez que je monte souvent encore à cheval avec mon mari !

Elle me dit son grand bonheur que tous deux aient pu mener leur commune vie sans maladie sérieuse. Ils étaient des forts, et ce souci permanent d'une santé à soutenir leur fut épargné. Pourtant, il y a deux ans et demi, le comte fut atteint rudement. Le monde s'en souvient, car il en fut tout entier ému ; dans toutes les capitales, les peuples de toutes les langues attendaient les télégrammes de Crimée, où se débattait l'auguste malade, avec une anxiété quasi nationale. La comtesse se rappelle ces sombres jours. Que de nuits elle a passées au chevet de souffrance, que d'heures troubles et af-

Georges Bourdon

freuses, que d'épouvantes elle a connues ! Il y avait des minutes où elle entendait, comme à coups de marteau, le furieux cœur de l'agonisant se précipiter contre les parois de sa poitrine et la soulever jusqu'à la rompre, et, d'autres fois, ce cœur douloureux était si faible, si faible, que son oreille terrifiée n'en percevait plus la fragile pulsation. Les médecins l'avaient avertie que la mort guettait et pouvait, à tous les instants du jour, sans symptôme préalable, le saisir. Dans ces secondes angoissées où elle se penchait sur une poitrine muette, savait-elle si la vie ne l'avait pas déjà désertée ?... Lui, dans les intervalles de la souffrance, demeurait silencieux. Sa grande âme stoïque était sans colère et sans faiblesse. Il était calme et grave. Sentait-il venue l'heure de son destin ? Souffrait-il ? Espérait-il encore ? Il se taisait. Et son œil aigu attestait la sérénité de sa pensée.

J'ai devant moi, tandis que j'écris, une photographie lugubre, qui montre le malade, dans ces affreux jours, étendu sur son lit, ses puissantes mains jointes sur le drap. Je ne puis la contempler sans un saisissement. On n'y aperçoit d'abord que l'énorme front dénudé et bossue, et des yeux brillants, profonds, terribles, où la vie, à l'heure de sa fin, semble s'être concentrée dans une résistance désespérée, et qui sont comme projetés hors de l'image. Les joues sont creuses, le visage est ravagé, toute la face douloureuse est crispée par le mal, et couchée dans la majesté d'une auguste résignation. À quoi songeait ce grand vaincu, alors qu'un ami bouleversé dirigeait vers lui l'objectif de son appareil ? Ne lui disait-il pas, au-dedans de lui, dans le silence de la soumission qu'il faisait au destin : « Ami, recueille soigneusement les traits de ton ami. Recueille-les pour sa femme, pour les siens, pour tous ceux qui l'ont un peu aimé et qu'il a tant aimés. Mais hâte-toi. Profite de cet instant où quelque chose de ma pensée s'inscrit encore dans mes yeux que des voiles obscurciront bientôt. Car ton ami va mourir. »

Il vécut, pour le bonheur des siens, pour le soulagement de l'univers. Il se rétablit lentement, mais ses forces, reconquises fibre à fibre, le furent du moins tout entières. Il reprit ses chères habitudes, c'est-à-dire qu'il reprit celle du travail.

— Il n'y a rien de changé dans notre vie, fait la comtesse, hormis un point. Autrefois, nous ne passions ici que l'été, dans les fleurs et la verdure, et nous habitions l'hiver à Moscou, où nous avons une maison. Maintenant, sur l'ordre des médecins, qui craignent pour mon mari l'air vicié des villes, nous vivons toute l'année à Iasnaïa Poliana.

— La vie doit vous y paraître assez monotone ?

— Mais non. D'abord, nous avons toujours avec nous quelqu'un de nos enfants. Pensez un peu à ce que notre famille représente de têtes : treize enfants, la plupart mariés, et des petits-enfants, c'est tout un bataillon. L'année dernière, pour les soixante-quinze ans de mon mari, j'avais projeté de les réunir tous ici, les fils, les filles, les enfants, toute la tribu. Ce n'était pas commode, car ils sont très dispersés. Enfin, j'y étais arrivée. Savez-vous combien nous étions à table ?… Vingt-sept !… Et puis, je me crée des occupations : je ne supporte pas de rester inactive. Ainsi, j'ai traduit un livre de mon mari, que vous connaissez sans doute, la *Vie*. Je m'amuse aussi à écrire un peu. Des romans, de petites poésies. Mon mari me pousse à publier quelque chose. Ah ! non, par exemple ! Je lui dis : « Quand on est ta femme, on ne se donne pas le ridicule d'éditer des livres. » Il y a pourtant un journal russe qui va publier des vers que j'ai faits. Cela m'amuse. Seulement, personne n'en saura rien ; ils resteront anonymes, et je ne vous dirai même pas le nom du journal.

« Pour l'instant, j'ai une nouvelle fantaisie. Je me suis mise à la peinture. C'est une irrésistible vocation qui m'est venue la semaine dernière. De ma vie, je n'avais touché un pinceau. J'ai fait venir une palette, des brosses, des couleurs, tout l'attirail nécessaire, et je me suis attaquée intrépidement à la copie d'un magnifique portrait de mon mari. Cela me plaît énormément. Je l'ai commencé il y a quatre jours. Je m'y passionne. Croiriez-vous que j'y ai travaillé cette nuit jusqu'à quatre heures du matin ?

— Alors vous teniez votre pinceau d'une main, et une bougie de l'autre ?

— Vous ne croyez pas si bien dire… Je vous montrerai mon chef-d'œuvre… Vous voyez que le temps passe tout de même assez agréablement à Iasnaïa Poliana ?

Ainsi la comtesse Tolstoï jetait au vent de la course des propos sans fin. Nous parlions intarissablement. Elle me citait les noms de quelques-uns des visiteurs de Iasnaïa Poliana : l'américain Bryan,

Georges Bourdon

arrivé au milieu de la nuit, à 4 heures du matin ; Paul Déroulède, « qui est si amusant et qui les a tant fait rire ». Elle me contait cette jolie anecdote du tsar Paul, écrivant à peu près ceci au général en chef de l'armée de Crimée, alors que le jeune Léon Tolstoï, à Sébastopol, était enfermé dans le fameux et terrible 4ᵉ Bastion, d'héroïque mémoire : « Rappelez à vous ce jeune officier. Il ne faut pas permettre qu'il puisse arriver malheur à un homme qui a fait tant d'honneur à la Russie. »

Son âme agile et sérieuse se répandait avec une abondance charmante. Elle ne paraissait pas sentir le froid. Nous allions avec rapidité, d'un glissement doux, à travers la neige sans bornes. Suivions-nous des chemins tracés ? Je n'en sais rien. La mer blanche se développait devant nous, sans un vallonnement, sans une ride, sans un vestige de vie. Depuis combien de jours un pas humain avait-il foulé ces lieux désertés ? Et que resterait-il de nous après notre passage ? Deux sillons parallèles et la foulée des chevaux, que la petite neige de la nuit prochaine recouvrirait doucement. Tout autour de nous, le silence pesant, la paix immense de la nature glacée, les paysages immobiles de la mort. Le sabot nerveux de nos bêtes, en crevant la neige, faisait lever autour de nous un éclaboussement de jolies fleurs blanches, et qui nous fouettaient au visage comme des lanières tranchantes. L'air sans brise était léger et aigu, mais j'avais l'impression qu'il se fermait sur moi et m'enserrait, comme les subtiles murailles d'une invisible prison. Les vibrations de nos voix dépassaient à peine la barrière de nos lèvres, et il fallait les forcer pour nous faire réciproquement entendre. Du traîneau qui nous suivait à quelques mètres, nul bruit ne parvenait à nos oreilles, et parfois nous nous retournions pour vérifier s'il ne nous avait point perdus.

Tantôt nous nous élancions à travers la neige nue, tantôt nous glissions le long de la forêt, qui est innombrable et morcelée, et se développe dans la plaine en taches sombres. L'érable et le platane enchevêtraient dans l'espace, comme des bras désespérés, leurs branches défeuillées. Le sapin, abaissant vers la terre ses débonnaires aiguilles, semblait le morne témoin de la nature engloutie. Une si vaste désolation emplissait mon cœur d'une mélancolie âcre et forte, et, sous les lames de froid, je me sentais gonflé d'une merveilleuse jouissance.

ENTRETIENS DE TOLSTOÏ

Me montrant tous ces morceaux de forêt, qui fournissent leur maigre chère aux tristes vivants de ces lieux, Madame Tolstoï contait les féroces convoitises qui s'acharnent autour de ces rameaux porteurs de vie, les mille querelles de propriété qui surgissent entre les possesseurs, l'âpreté sournoise que chacun met à empiéter sur le voisin, les multiples procès où s'étale la cupidité paysanne. Et je songeai à nos paysans de France. L'âme terrienne est la même partout ; elle est indifférente aux retentissantes et vaines disputes des peuples, car elle ne distingue point entre les costumes et les langages, et elle est avide et insatiable. Terre auguste et barbare, terre qui nourris et qui flétris, tu portes en toi toute la vie et toute la mort. À qui se penche vers toi pour t'étreindre, tu ouvres généreusement ton rude flanc et tu te laisses féconder sans mesure, mais non sans ressentiment. Et tu sais prendre tes revanches ; pour prix de la vie que tu distribues, tu fais jaillir de tes entrailles, pêle-mêle, dans un emportement sauvage, les vertus et les crimes, toutes les beautés, toutes les purulences, toutes les abjections, toutes les puissances de haine qui s'entre-choquent dans la pauvre âme débile des tristes hommes ! Et les voici qui, à peine saoulés de ta moisson, se précipitent les uns contre les autres, avec des fureurs de forcenés et des raffinements d'astuce. Laboureur beauceron, morne moujik en peau de mouton, tu n'es qu'un homme, et, si ton langage est divers, ton âme est une et tes pensées sont pareilles ! Je me souviens de ce procès — jugé naguère en France, et rapporté par Émile Zola — d'un paysan condamné, à plusieurs reprises, pour avoir reculé dans le champ voisin la borne de son champ, et qui, obstiné dans sa rapacité, fut surpris, une nuit, tandis qu'avec une pelle il répandait sur son propre terrain quelques décimètres cubes de la terre arrachée à la propriété voisine. Comtesse Tolstoï, qui me parliez de vos moujiks, est-ce que ce paysan de France, cet âpre voleur de la terre, n'est pas aussi un peu de chez vous ?

Je dis :

— On doit empiéter sur votre domaine aussi bien que sur les autres ?

— Je crois bien ! On ne fait même que çà. Mais nous fermons les yeux et nous n'engageons jamais de procès.

De retour à Pétersbourg, un témoin sûr me conta, quelques jours

Georges Bourdon

après ma visite à Iasnaïa Poliana, un trait de la vie de Tolstoï. Je le rapporte ici, dans sa généreuse simplicité.

Il y a plusieurs années, la comtesse, excédée par une succession de méfaits commis dans ses bois, envoya, dans un moment d'humeur, une plainte formelle au *zemskinatchalnik,* ou commandant de la commune, en le priant d'ouvrir une enquête. Elle avait qualité pour formuler cette plainte, puisque, ainsi qu'on l'a fréquemment publié, Tolstoï, se dépouillant totalement, lui a fait remise de tous ses biens ; et elle négligea de l'en avertir pour ne point le distraire de ses travaux.

Le magistrat prescrivit l'enquête. Elle fut rapide et décisive. Peu de jours après, il découvrait et arrêtait les trois ou quatre coupables. Interrogés, ils commencèrent à sangloter.

— Oui, oui, dirent-ils enfin, c'est nous qui avons fait le mal. Oui, nous avons scié et emporté pour les vendre des arbres de la propriété de Léon Nicolaïévitch. Cela, c'est vrai. Mais nous en avions le droit.

— Comment ! fit le magistrat, vous aviez le droit de voler les arbres du comte Tolstoï ?

— Sans doute. Car, pendant que nous cassions les branches, Léon Nicolaïévitch est venu à passer. Nous avons cherché à nous sauver, mais il nous a rappelés : « Que faites-vous là ? » nous a-t-il dit. Nous nous sommes jetés à ses genoux : « Seigneur, pardonne-nous. Nous sommes des misérables qui volons le bien du meilleur homme de toute la terre. Mais nous sommes très malheureux. Il fait froid chez nous, et on y a faim. » Alors, il nous a relevés, et il a dit : « C'est bien, pauvres gens, faites comme si je ne vous avais pas vus. » Il est parti, et nous avons chargé les branches sur nos traîneaux.

En considération du comte Tolstoï, le zemskinatchalnik vint en personne à Iasnaïa Poliana et lui conta cette histoire. Léon Nicolaïévitch entra dans une grande tristesse et dit :

— Cela est vrai, Monsieur, toute cette histoire est réelle, et je vous supplie de ne point donner de suite à la plainte de ma femme que j'ai ignorée. Mettez en liberté ce malheureux, et qu'ils vivent du mieux qu'ils pourront. »

Et quand on me raconta cette aventure, je crus entendre un chapitre de l'évangile des apôtres.

ENTRETIENS DE TOLSTOÏ

Comme nous approchons du logis, la comtesse me propose de visiter une maison de paysans. Nous entrons dans une pauvre masure de bois, couverte de chaume, qu'emplit l'odeur chaude des graisses et des peaux. Elle a au plus quatre mètres carrés. Elle est tout entière occupée par le vaste poêle de faïence blanche, où flambent des bûches, par un métier à tisser, par la table des repas et deux bancs parallèles. Entre les bancs, la table, le poêle et le métier, on se faufile du mieux que l'on peut. Ils sont quatre à vivre dans cette isba : le père, la mère, le fils, la bru. Le fils est absent. Le père est un maigriot, avec une barbe rousse, un œil bleu, une houppelande de peau de mouton dont la laine est intérieure, et ses jambes sont serrées dans des lanières. La mère est une petite femme empressée et bavarde. La bru tisse, non pour un marchand, mais pour les besoins de la famille. C'est une grande et grosse fille brune, qui a de beaux yeux expressifs, le nez busqué, des traits forts, mais purs, et un casque lourd de cheveux noirs.

Tout ce monde s'empresse autour de la comtesse. Les vieux, tous les deux à la fois, parlent intarissablement. La jeune femme se tait. Elle est enceinte. Alors je regarde autour de moi. Où couche-t-on ici ? Il n'y a point de lit, ni de paillasse, ni rien où l'on puisse s'étendre. Je lève la tête. On couche contre le plafond. Suspendue à cinquante centimètres à peine des solives, j'aperçois un bâtis de bois, assez analogue à la planche à pain de nos casernes, mais plus vaste, et que j'avais pris d'abord, en effet, pour une resserre à pain. C'est là-haut que la famille, le soir, va dormir, sur la planche nue. Pour y parvenir, il faut se hisser sur une échelle, se courber en deux, s'allonger laborieusement. Ou bien, par les nuits de grand froid, on s'étend à même au faîte du poêle cimenté. Je dis à la comtesse :

— Mais où cette femme est-elle allée faire son enfant ?

La comtesse fait un grand geste muet, qui évoque des combinaisons vagues…

Elle cause avec eux familièrement. Nous nous sommes assis sur un des bancs de bois. Ils racontent leurs petites affaires. La maman baise les mains de la comtesse, mais gentiment, sans servilité. C'est une coutume russe. On embrasse beaucoup en Russie. Du moins on embrasse les mains. Dans un salon, ou à table, vous voyez soudain un jeune homme se jeter, avec une avidité goulue et en levant au plafond des prunelles blanches, sur le poignet d'une femme qui en même temps le baise au front. N'en concluez rien. C'est une façon de dire : « Comment allez-vous ? » ou : « Vous vous coiffez très bien. » Donc l'affectueuse maman tenait dans sa main la main de la comtesse Tolstoï et la baisait. Et cela signifiait non pas qu'elle lui faisait hommage de servilité, mais qu'elle était heureuse de la voir. Au moment où nous partons, elle la regarde bien en face et lui jette avec un bon sourire tendre une phrase qui fait éclater la comtesse. Toujours riant, elle me dit :

— Savez-vous ce qu'elle vient de me dire ? Ceci : « Tu n'es pas encore trop mal, mais tu as tout de même vieilli depuis l'année dernière. » Et c'est un compliment qu'elle a voulu me faire !

Nous rentrons.

— Voulez-vous voir ma peinture ?

Je suis la comtesse dans sa chambre, et je me trouve, avec une surprise enchantée, devant la copie presque achevée d'un grand et très beau portrait du comte. Cette copie est étonnante d'exactitude, de solidité, de vigueur ; la vie y circule, les yeux de Tolstoï y brillent comme des soleils. Comment est-il possible que le peintre de cette toile n'ait jamais pris de leçons, n'ait jamais, avant ceci, peint autre chose qu'un petit essai qu'elle me fait voir ? La comtesse André sourit de mes exclamations admiratives, d'un air qui veut dire : « On voit bien que vous ne connaissez pas ma belle-mère ! »

Mme Tolstoï me montre ensuite des photographies. Près de la cheminée, un magnifique portrait de Léon Nicolaiévitch, beau comme la vie, expressif et profond, et qui n'est pas dans le commerce. Puis, au-dessus d'une petite table de travail, celui d'un enfant qui est l'image saisissante du maître : le même gabarit de tête, dirait quelque anthropomètre, son même front, son même nez, et ses lèvres épaisses, et surtout ses yeux, la lumière flamboyante de ses yeux extraordinaires. C'est le portrait du dernier né de la famille, qu'ils ont perdu à onze ans, il y a sept années. Il est partout : là, au-dessus de la table où s'assied sa mère, puis sur cette table même, puis sur la cheminée.

— Quel enfant c'était ! me dit la maman soudain douloureuse. Tout son père, les traits mêmes de son père quand il était jeune, tels qu'ils revivent dans mes souvenirs de petite fille. Lui-même

disait : « Je n'ai pas d'enfant en qui je me ressemble davantage. »
De son père, il n'avait pas seulement l'apparence physique, mais
aussi quelque chose de sa pensée profonde. Si jeune, il nous disait
parfois des choses dont nous restions stupides, et qui nous inquié-
taient. Serait-ce donc vrai que la vie n'est point faite pour les enfants pareils à lui, et que leur crâne éclate sous la fermentation du
cerveau trop plein ? Nous l'adorions. Quand il est mort, j'ai pensé
que j'allais le suivre à mon tour ; j'ai été prise d'une terrible fièvre
cérébrale et j'ai failli devenir folle. Enfin je me suis rétablie. Et la vie
passe. La vie est plus forte que nos désespoirs, plus égoïste que ne
sont nos douleurs. Mais il n'y a pas de jour que je ne prenne entre
mes mains son portrait et que je n'interroge son image. Je revis en
pensée les jours heureux qu'il nous a donnés. Pauvre chéri !…

V

À six heures et demie, nous nous mettons à table pour le dîner.
À partir de ce moment, et jusqu'à minuit, sauf pendant quelques
brefs instants, je n'ai plus quitté Léon Nicolaiévitch. Il parla
principalement de la guerre ; mais Tolstoï est un livre inépuisable
de vie et de beauté, et, s'il consent qu'on l'interroge, il n'y a qu'à
l'écouter sans fin. J'ai donc écouté le maître. Il causa de toutes
choses et de toutes gens, en sage qui a embrassé l'univers, en apôtre
chez qui la foi en l'idéal est le principe même de sa vie. Mais je
ne suis point, hélas ! un phonographe : comment reconstituer,
comment consigner ici tout ce que j'ai entendu ? J'y tâcherai du
moins avec un grand zèle de sincérité et d'exactitude. J'ose croire
que mon glorieux hôte reconnaîtra du moins dans ce récit, à défaut
d'autres mérites, cet effort passionné de vérité.

Tolstoï, qui est dans son cabinet de travail, arrive un peu en retard. Mais on ne l'a pas attendu, et nous avons commencé de dîner.
La comtesse occupe seule le bout de la table : à sa droite, son mari,
puis moi ; à sa gauche, sa petite-fille, puis la comtesse André, puis
Mlle Alexandrine. Le docteur, qui est allé dans la journée à Toula,
n'est pas encore de retour.

Après sa collation de quatre heures, le comte est sorti. Il a fait
seul, et à pied, une grande partie du chemin que nous avons par-

Georges Bourdon

couru en traîneau, six ou sept kilomètres environ. Il nous dit :

— Vous êtes allés ici et là ; j'ai suivi vos traces sur la neige.

Revenu à la maison, il s'est étendu et il a dormi. Il ne mange ni poissons ni viande, rien de ce qui fut vivant, mais on en sert à sa table. On prépare pour lui des légumes, des salades, des fruits. À la fin du repas, il prend une gorgée de vin blanc et une tasse de café. Ce sont les médecins qui l'y ont contraint depuis le terrible assaut d'il y a deux ans, et il ne s'est pas résigné sans résistance à une pratique contre laquelle il protesta jadis si vigoureusement : mais ce n'est pas un plaisir qu'il se donne, c'est un régime auquel il se soumet. J'ajouterai, pour parachever ces détails intimes, que s'il se nourrit de mets particuliers, il y fait du moins sérieusement honneur, car il mange avec un appétit magnifique.

Tout à l'heure, la comtesse m'a dit qu'il avait résolu de ne plus rien publier avant sa mort. Je l'interroge là-dessus :

— Oui, c'est vrai, je ne publierai plus rien, du moins en russe. Je continuerai à donner quelques petites choses à l'étranger, comme je fais maintenant en Angleterre, où je ferai paraître un petit ouvrage sur la guerre actuelle. Quant au reste, on ne le connaîtra qu'après ma mort. Il est toujours un peu puéril, je m'en rends compte, d'annoncer ces choses-là ; pourtant c'est une décision arrêtée en moi. À quoi bon se presser, du reste ? Tout arrive toujours assez tôt, et c'est un très vilain défaut que la vanité d'écrire.

Je proteste qu'un écrivain peut avoir des motifs plus nobles de publier sa pensée, que la juste ambition d'éclairer ses contemporains est un de ces motifs. La comtesse appuie dans mon sens. Mais lui :

— Sans doute, sans doute. La vanité, cependant, y est toujours pour quelque chose. L'écrivain qui s'est fait cet aveu se doit de vaincre sa faiblesse. Qu'un homme ait des choses importantes à dire aux autres hommes, qu'importe le moment ! En prenant son temps, il se donne l'occasion d'une réflexion plus ample, et la chance d'une démonstration plus éclatante. Mais nous avons cette invincible inclination de tout rapporter à nous-mêmes, à la petite part de durée et d'espace que nous occupons dans l'infini, comme si le monde et l'humanité étaient limités à l'accident de notre existence. Quelle outrecuidance ! L'éternité nous enveloppe. Et que sont dix ans, quinze ans, dans l'ascension humaine ?

ENTRETIENS DE TOLSTOÏ

Il ajoute, sans mélancolie, avec une grande sérénité d'accent :

— En ce qui me concerne, d'ailleurs, on n'attendra pas si long-temps.

Je fais à mon tour :

— Le temps n'est rien en effet. Cinquante jours ou cinquante ans, même chose. Mais il y a donc des hommes qui mourront sans avoir connu ce que vous considérez comme des vérités profitables. Vous les aurez ravies à leur connaissance. Si vous les jugez vraiment salutaires, avez-vous le droit de les leur dérober ?

— Cela n'est rien. Si ce n'est ceux-ci, d'autres les connaîtront. On ne travaille pas pour tels ou tels. Je me reproche de n'avoir pas pris plus tôt ce parti. Si tous ceux qui écrivent agissaient de la sorte, on verrait moins de livres inutiles. Dégagés du souci, même inconscient, de se faire valoir, ne produiraient plus que ceux qui le feraient véritablement par besoin de conscience et qui auraient quelque chose à dire.

J'invoque le secours de la comtesse :

— Oh ! fait-elle, cela nous est indifférent, à nous. Tout ce qu'il écrit, nous le lisons. Quant au profit matériel, vous savez bien qu'il a renoncé, sur toutes ses œuvres, à ses droits d'auteur.

— Non, non, croyez-moi, fait-il pour conclure, cela est mieux ainsi.

Il nous interroge sur notre promenade. La comtesse dit :

— J'ai montré à M. Bourdon une maison de paysans : je l'ai conduit chez Un tel.

Tolstoï s'informe de la santé de Un tel, de sa famille, de ses affaires. Encore troublé de ce que je viens de voir, j'exprime la misère de ces pauvres gens, l'infinie tristesse de leur vie sans espérance, et la dureté de leur existence pareille à celle des bêtes, la désolation de leurs âmes ignorantes et closes, la peine de leurs corps, jusqu'à l'horreur de la vermine dont ils se laissent ronger ; je termine :

— C'est affreux de se dire que des êtres humains, si vieux qu'ils vivent, ignoreront toujours la bonne douceur du repos dans un lit !

Il est probable que j'ai mis à mon couplet quelque véhémence, car tout le monde, d'un mouvement unanime, rit de ma pitié indignée. Tolstoï se renverse sur sa chaise, et, les mains au ventre, s'amuse énormément.

— Vous riez aussi, maître ?

— Mais oui, je ris. Quoi de si affreux dans le sort de ces braves gens ? Ils ont des joies, n'en doutez pas, et ils aiment la vie. La simplicité des mœurs est un bien très désirable. Regrettons au contraire que tous les hommes n'aient pas la vertu de s'y résoudre. Ceux-là vivent de peut ? C'est aussi qu'ils se contentent de peu. Je vous accorde la vermine. Mais ils n'ont pas de matelas ? Est-ce donc un indispensable confort, un matelas ? Moi je ne puis pas dormir dans un lit moelleux. Jadis, quand nous voyagions un peu, si j'étais invité chez des amis qui n'étaient pas au courant de mes goûts et avec qui je ne me sentais pas tout à fait libre, j'étais souvent très malheureux. On me donnait un « bon lit » ; mais après m'être tourné et retourné dans ce « bon lit » pendant une heure sans avoir pu fermer l'œil, je prenais un parti héroïque : je quittais le « bon lit », et, étendu par terre, sur le tapis, je dormais à poings fermés.

— Eux n'ont même pas de tapis : c'est la planche, et tous les jours, toute leur vie !

— Affaire d'habitude. On n'est pas mal du tout sur une planche.

— Oh ! j'en ai goûté : j'ai fait mon service militaire…

— Mais dites-vous bien que, s'ils y tenaient, ils auraient des lits. Les croyez-vous pauvres au point de ne pouvoir s'acheter ou se fabriquer des matelas ? S'ils s'en passent, c'est qu'ils le préfèrent.

— Certes, opine la comtesse, ils auraient tous des lits, s'ils le voulaient. Tenez, j'avais ici à mon service une très gentille femme de chambre, et qui me faisait de la couture. Elle était très propre, même élégante. Elle avait sa chambre, elle avait un lit. Elle s'est amourachée d'un gars de la campagne et l'a épousé. Eh ! bien, ils ont un lit, mais ils ne sont pas, pour cela, plus riches que d'autres.

— À merveille, comtesse. Votre exemple prouve que votre femme de chambre, parce qu'elle vous a approchés, a sans doute commencé de briser le cercle de servitude et qu'elle va connaître la douceur de vivre ; les autres continuent de vivre comme des bêtes : voilà tout ce que je voulais dire.

— Êtes-vous sûr, fait Tolstoï, que ceux-là soient meilleurs que ceux-ci ?

Maître, votre bonté est impassible et dure. Vous voulez le bien de nos âmes. Mais tout de même, est-ce que nos corps, cette triste machine manquée par un inventeur novice, qui nous donne tant de maux et à qui nous devons aussi quelques joies, ne compte pas un peu dans l'ordre du monde ?

Dans ce moment tragique de l'histoire de l'impérialisme russe, c'est le sujet de la guerre qui occupe nos pensées. Nous y revenons invinciblement. Ne demandez point à Tolstoï une critique des opérations miliaires, non plus que des pronostics de salle de rédaction sur le destin des armées en présence. Dans la lutte actuelle, il aperçoit seulement l'idée même du conflit, et il considère le sort des peuples. Il dit :

— Pourquoi veut-on que les Japonais soient un peuple inférieur ? Je les vois à peu près dans la condition où étaient les Russes sous Catherine II. Ils sortent de la barbarie et s'émancipent du servage. Us suivent leur courbe et prennent conscience d'eux-mêmes. Quoi de plus légitime ? Et de quel droit l'Occident y mettrait-il obstacle ? Sous quel prétexte avouable en prendrait-il ombrage ?… Mais ce n'est pas là-dessus que l'on ose les incriminer ; on les attaque de biais, on relève leurs faiblesses ; ainsi on observe qu'ils se font ducs, marquis, barons, et à cause de cela nous plaisantons sur eux. La belle justice ! Est-ce qu'il y avait des nobles chez nous avant Pierre le Grand ? À qui la noblesse russe doit-elle l'existence, sinon à cet empereur ? Je suis comte, moi. Pourquoi suis-je comte ? Pourquoi le premier de ma lignée fut-il comte ? Et pourquoi M. Ito serait-il pas aussi bien marquis ?

— Soit. Le Japonais est perfectible, et son effort vers le progrès est respectable. Mais il est jaune. Peut-on nier que la race jaune retarde sur la blanche ? Dès lors, dans le conflit présent, la sympathie du blanc ne doit-elle pas aller au blanc d'abord ?

— Je ne suis pas sûr de cela du tout.

— Où sont les progrès de la race jaune ? Voyez la Chine : quels mouvements apparents de son évolution depuis des milliers d'années ?

— Nous connaissons mal le monde asiatique. Qui l'a étudié, l'a pénétré, en a scruté la conscience ? Je vois que les Chinois, les Indous ne sont pas des peuples guerriers, qu'ils méprisent la guerre et ceux

Georges Bourdon

qui la font, que leur Bouddha stipule comme règle essentielle l'interdiction de donner la mort, fût-ce à un insecte : c'est déjà quelque chose, une supériorité vraie sur nous. Je vois qu'ils ne tuent pas. Je vois, d'après les récits des voyageurs, qu'ils sont sûrs en affaires, qu'ils respectent leur parole, qu'ils ne mentent pas. Voilà encore qui n'est pas commun en Europe.

— Voyez pourtant leur diplomatie : cauteleuse, astucieuse, perfide.

— Oui, oui. Et puis aussi ils pratiquent les tortures. C'est bizarre. Comment expliquer cela ? Mais leurs philosophes ont formulé des pensées éternelles : songez à Confucius, au Bouddha. Connaissez-vous, dans l'histoire de l'humanité, des penseurs, des moralistes, des apôtres qui soient plus généreux, plus nobles que ceux-là ? C'étaient des jaunes.

« Et si les Japonais sont cruels, ne le sommes-nous pas aussi ? A-t-on fait le compte des atrocités inscrites au passif du monde prétendu civilisé ? Une dame de nos amies nous a raconté le fait que voici. Il s'est passé en Mandchourie. C'était pendant la construction du transsibérien. Un jour on découvre je ne sais quel attentat contre les travaux de la ligne. Les coupables sont inconnus. Ils n'ont pas laissé de traces. On fait une enquête qui n'aboutit pas. Mais comme il n'est pas tolérable qu'un forfait soit impuni, et qu'il faut bien châtier quelqu'un, on prend au petit bonheur quarante Chinois des environs. On leur donne des pelles, des pioches. On les oblige à creuser une grande fosse. Quand la fosse est achevée, on les met en ligne le long de ses bords. Puis, à un signal, une troupe de Cosaques, se précipitant sur eux à coups de pieds, de poing, de crosse, de sabre ou de fouet, les y font choir, et, morts ou blessés, on les recouvre de terre, on comble la fosse, on nivelle le sol. Là, peut-être, poussent maintenant des carottes dont se nourrissent nos armées. Voilà notre civilisation ! »

J'ai fait un geste d'horreur.

— La chose est authentique, affirme la comtesse. Notre amie la tenait directement d'un ingénieur, M. X..., qui était employé à la construction de la ligne, et qui est un homme véridique. Il en a été témoin.

— Alors, continue Tolstoï, comment voulez-vous que je décide *a priori* si la civilisation gagnera davantage au triomphe de la Russie ou du Japon ? Où est-elle la civilisation ? Chez les jaunes, chez les blancs ? Où sont ses actes, où sont ses résultats en Europe ? Est-ce que le monde avance, est-ce qu'il recule ? N'y a-t-il pas des heures où l'on peut se poser cette angoissante question ? L'Angleterre, quand elle ravage le Transvaal, ne peut-on pas dire qu'elle est en état de régression ?

— Qu'a-t-elle fait de pire que les peuples en appétit de colonisation ?

— Rien de pire, sans doute. La France, l'Allemagne, la Russie, l'Italie, toutes, je vous l'accorde, toutes les nations agissant de même. Mais où trouvez-vous, dans l'œuvre colonisatrice de l'Europe, une pensée de vraie civilisation ? C'est là pourtant qu'il faudrait la chercher. Les inventions modernes ne prouvent rien pour le développement de la moralité humaine. Je ne suis pas du tout sensible aux chemins de fer, au télégraphe, au téléphone, à toutes ces conquêtes par lesquelles l'homme pense démontrer le progrès, et qui n'attestent chez lui qu'une jouissance plus raffinée. Nous nous émerveillons des Pyramides, et nous nous demandons : « Pour quel but ces prodigieux amoncellements de pierres ? » Toutes ces inventions de la civilisation sont nos Pyramides ; peut-être, dans des milliers d'années, un peuple viendra qui, retrouvant leurs vestiges, dira : « Quels étaient donc ces gens singuliers qui s'imaginaient que d'aller rapidement d'un point à un autre est une fonction essentielle de la vie ? » Ce peuple aura raison. Je n'ai jamais compris l'utilité des voyages ; les voyages ne servent qu'à faire perdre aux hommes leur temps ; ils sont une entrave au travail. Ne trouvez-vous pas ? [1]

Je fis en souriant :

— Maître, je viens de Paris. Ce n'est pas à moi qu'il faut demander d'être de voire avis aujourd'hui.

Tolstoï sourit à son tour :

— Soit. Mais le voyage que vous avez entrepris est pour vous la condition d'études nouvelles. Il est donc une forme de travail. Mais ce qu'on appelle les voyages d'agrément ? [2]

---

1 J'ai souvent dit que le malheur des hommes vient de ne savoir pas se tenir en repos dans une chambre. (PASCAL, *Pensées*, I⁰ᵉ partie, art. VII.)

2 « La curiosité n'est que vanité. Le plus souvent, on ne veut savoir que pour en

Georges Bourdon

Voyageur passionné, j'entrepris la défense des voyages. J'avançai que le chemin de fer est peut-être le plus sûr véhicule des sympathies entre les hommes, et qu'en échangeant des sympathies ils propagent des idées ; qu'il permet aux peuples de se pénétrer mutuellement, de se comparer, de se juger, qu'il contribue ainsi à élargir leur conception de l'humanité, et qu'en multipliant les échanges économiques, il débarbouille leurs cervelles de l'excessif particularisme des concepts purement nationaux. La pensée universelle n'a-t-elle pas tout à gagner à la diffusion rapide de l'idée ? Le penseur, à son insu, n'est-il pas tout autant l'inconscient continuateur de ceux qui l'ont précédé, que la fleur rare du champ d'idées dont il se nourrit ?

— Pas du tout, fait vivement Tolstoï. Le penseur est la plante qui pousse sur les rochers sauvages. Il se nourrit de soi-même, et il est le produit de sa propre substance. Épictète, Socrate, Platon n'allaient pas en chemin de fer. Spinoza vivait dans son trou, Descartes dans son poêle. Kant était un solitaire. La pensée est le chef-d'œuvre du travail. Et le travail n'est possible et fécond que dans le silence et la retraite.

Le travail, toujours Léon Tolstoï a sur les lèvres ce mot de travail. Le travail est la joie de sa vie et la hantise de ses heures. Il a dit un jour à quelqu'un ce mot prodigieux qui est à la fois un cri d'orgueil et un aveu d'humilité : « J'ai du travail pour trois cents ans ! » Il en aurait pour l'éternité, puisqu'il a entrepris l'œuvre de perfection humaine, et que les hommes ne veulent point être parfaits.

Le domestique venait de poser devant Léon Nicolaiévich un mets singulier, qui ressemblait à un hachis de légumes jaunes. Je posai cette question :

— Est-il vrai que vous ayez offert, pour les blessés et les malades de la guerre, mille caisses de vos livres ? Des officiers du ministère me l'ont affirmé à Pétersbourg.

Tout le monde se mit à rire. Tolsloï est gai ; il aime rire, et il rit largement. Pourquoi ne rirait-il pas ? Sa vie est comblée. Il a connu le bonheur domestique. La fonction de son génie était de penser, de produire, de faire le bien. Il a pensé, il a produit, et il fait le bien

parler. On ne voyagerait pas sur la mer, pour ne jamais en rien dire, et pour le seul plaisir de voir, sans espérance de s'en entretenir jamais avec personne. » (PASCAL, *Pensées*, Iʳᵉ partie art. V.)

tous les jours. Son âme s'épanouit dans la sérénité et la quiétude. Si jamais destinée fut remplie avec largesse, c'est la sienne. Il a dévoué tout l'effort de son être à des œuvres belles, et ces œuvres sont accomplies. S'il n'a point vu fleurir sur la terre la paix et la fraternité, sans doute il ne l'espérait pas. Il sait que les hommes sont pétris de vices et de méchanceté, et qu'il faut plus de temps pour arracher de son champ les racines pernicieuses que pour couvrir la terre de chiendents et d'orties. Il voit, après des milliers d'années, l'aboutissement précaire de la prédication d'un Confucius ou d'un Jésus. Mais il sait aussi que, si le Bien est lent à triompher, son triomphe du moins est assuré dans les temps à venir, et, dans le fond de sa juste conscience, il peut convenir sans orgueil que sa parole fut bienfaisante et retentissante. Dès lors pourquoi ne serait-il point gai ? L'homme triste est celui qui n'agit pas.

Et, quoi que l'on veuille, son puissant génie est-il autre chose que le génie d'un homme ? Tolstoï est un homme. « On ne s'imagine d'ordinaire Platon et Aristote qu'avec de grandes robes, disait Pascal, et comme des personnages toujours graves et sérieux. C'étaient d'honnêtes gens, qui riaient comme les autres avec leurs amis : et quand ils ont fait leurs lois et leurs traités de politique, ça a été en se jouant et pour se divertir. » Ce n'est pas pour se divertir que Tolstoï est un philosophe, un moraliste, un apôtre. C'est pour une tâche merveilleuse et dans une passion de générosité si splendide que son cœur douloureux gémit de toute la souffrance humaine, comme s'il l'enfermait toute en lui seul. Mais une fois accompli le devoir du jour, Tolstoï redevient un homme débonnaire et d'humeur volontiers joyeuse.

Cette fois, à cette question qui sans doute lui parut extrêmement saugrenue, il riait franchement, sa belle tête renversée en arrière, ses deux larges mains appuyées à son ventre, sous sa ceinture de cuir. Et le hachis de légumes jaunes attendait dans son assiette.

— Oui, oui, j'ai vu cela dans un journal. Je ne l'ai pas démenti, parce que, si je me mettais à reprendre toutes les sottises des journaux à mon endroit, j'y passerais ma vie. Mais d'où a pu venir une si folle invention ?

Je n'insiste pas, et je continue :

— Veuillez me permettre une question. Dans ce moment où le

sort de la Russie est engagé, vous Russe, quoi que vous pensiez de la guerre et de cette guerre, n'avez-vous nulle réserve à faire, je ne dis pas sur les idées que vous avez prêchées toute votre vie, mais sur l'application pratique et sur la propagation de ces idées ?

D'une voix grave, il dit aussitôt :

— Aucune réserve.

— Si des hommes, pris par la mobilisation, refusaient le service ?

— Ils feraient leur devoir, profère Tolstoï avec force. Ils obéiraient à l'ordre impérieux de la morale éternelle. C'est ce que font les Doukhobors. « Avez-vous idée », ajoute-t-il selon une forme de langage dont il est coutumier, de ce que c'est que les Doukhobors ?

— Mais que l'exemple des Doukhobors se généralise ; que, par hypothèse, un grand nombre d'hommes, que la majorité des soldats refusent de prendre les armes, que la mobilisation générale en soit paralysée ?...

— Alors ce sera une grande victoire, je ne dis pas pour mes idées, mais pour la civilisation et l'humanité ! Ma conscience me dit que le meurtre, sous quelque forme qu'il s'exécute, de quelque prétexte qu'il se couvre, est exécrable ; que la guerre est un fléau monstrueux, une aberration sanguinaire, que tout ce qui prépare à la guerre est condamnable.

Pour la première fois, je vois Tolstoï s'échauffer. Sa parole se précipite, sa voix tremble, ses traits se contractent. Il y a dans ses yeux des étincellements, on perçoit dans sa poitrine une force qui le soulève, et un rayonnement émane de toute sa personne. Et de l'avant-bras, il fait des gestes verticaux par saccades, comme si tout ses muscles se tendaient pour une affirmation douloureuse :

— Non, rien, il n'y a rien de plus affreux que ce service militaire obligatoire qui enrôle tous les hommes, malgré eux, dans l'âge de la tendresse, pour une besogne de crime ! Jamais le monde n'a rien vu de pareil. Au temps de Gengis-Khan, ne tuaient que ceux qui le voulaient bien : les gens avaient le droit de rester chez eux, de cultiver leurs terres, de vivre en paix, de rêver, de faire le bien. Le monde moderne, votre monde civilisé, est plus féroce que Gengis-Khan. À tout homme il remet un fusil, à tout homme il commande de tuer, et, si l'homme rejette son arme, s'il refuse l'homicide, on l'en punit comme d'un forfait !... Comment peut-on accepter cela ?

ENTRETIENS DE TOLSTOÏ

Comment les consciences ne se révoltent-elles pas ? Comment n'aperçoit-on pas le scandale de cette tyrannie meurtrière ?... Et que faire, que tenter, je vous le demande, tant que dureront ces choses ? Comment espérer ennoblir les âmes, tant qu'elles se courberont sous une pareille servitude ?... C'est profondément affligeant. Non, non, pas de compromis avec le service militaire. Tout homme, quel qu'il soit, s'il a la notion de son devoir et le respect de sa conscience, doit, avant toute chose et quoi qu'il lui en coûte, refuser de s'y soumettre. Voyons, si l'on vous mettait en main un couteau, si l'on vous ordonnait, sous peine d'être tué vous-même, de couper le cou à ma petite-fille que voilà, vous ne le feriez pas, parce que moralement cela vous serait impossible. Si le devoir chrétien était au fond des consciences, il serait de même impossible à tout homme de prendre un fusil et de s'en servir contre ses semblables. J'ai, entre autres, un grand ami, que je n'ai jamais vu, mais avec qui je suis en correspondance, à qui est apparu ce devoir et qui s'y est sacrifié. Il était maître d'école à X... On l'a enrôlé. Il rougissait de mériter les compliments de ses chefs pour son adresse à tirer à la cible. Il récusait la hiérarchie militaire. Il a fait à ses supérieurs deux ou trois réponses qui n'ont pas été de leur goût. On l'a envoyé en Sibérie. Il y est très malheureux. Il m'écrit. Il est mon grand ami.

La voix du maître s'était apaisée, et il s'exprimait maintenant avec une grande mélancolie et une infinie pitié. J'admirais l'ardeur de sa foi, sa passion obstinée au bien des hommes, la dure et irrévocable énergie de son bienfaisant prosélytisme. Je ne sais plus qui a dit que la volonté est un des principaux organes de la croyance. Je vérifiai à cette minute ce mot de philosophe ; je regardais dans l'action une volonté intrépide au service d'une invincible croyance !

— Alors, dis-je, vous n'êtes pas du tout sensible à cette pensée que la défection des soldats assurerait le triomphe des Japonais sur la Russie, votre patrie ?

— Ah ! il faut que je sois sincère, fait-il en souriant. Je ne me sens pas, au fond de moi, complètement libéré de la notion de patriotisme. Par l'atavisme, par l'éducation, il traîne en moi, malgré moi, des restes de sentimentalité égoïste. Il faut que je fasse intervenir ma raison, que je me réfère à mon devoir essentiel, et je me dis alors, sans aucune réserve de ma conscience, qu'il n'est pas de raison au monde qui puisse primer la raison d'humanité. Je vous

Georges Bourdon

avouerai autre chose. En face du problème juif, je sens l'écume des mêmes persistances ataviques. Qu'il est malaisé, mon Dieu ! de dépouiller l'homme artificiel que des siècles de préjugés menteurs ont fait de chacun de nous ! Je condamne en moi ces bavures d'antisémitisme ; mais je les sens si tenaces qu'en présence d'un juif, j'appréhende toujours qu'il ne les découvre dans ma vilaine âme ; alors je me fais pour lui plus accueillant, plus empressé que je ne serais pour quelque autre, afin de me convaincre moi-même que je me suis, une fois de plus, vaincu. C'est très curieux, n'est-ce pas ?

Et il rit tout à fait.

Quelques semaines auparavant, le *Temps* avait publié une lettre ouverte de M. Jules Claretie, où celui-ci, s'adressant à Tolstoï, lui demandait s'il n'était pas affligé de constater, par l'événement de la guerre japonaise, la faillite de la pacifique prédication à laquelle il a dédié sa vie. Je songeai à demander au maître s'il avait lu cet appel de l'écrivain français.[1]

---

1 Dans cette lettre, M. Jules Claretie écrivait entre autres choses : « Est-ce que vous nous auriez trompés, mon cher Maître ? Est-ce que vous vous seriez trompé ? Au bout du chemin n'y aurait-il pas inévitablement un fossé lugubre, un trou profond, un gouffre, et n'allons-nous pas tout droit à une roche donnant à pic sur un précipice ? La guerre et la haine ne sont-elles pas des manifestations inévitables de l'activité humaine ? » Il disait aussi : « Votre vieillesse se retrouve face à face avec la réalité qui parut à la fois héroïque et sinistre à vos vingt ans. Vous aviez espéré le chasser, ce fantôme de l'égorgement, ne plus les revoir ces visions des heures de sang. Vous aviez tout essayé, tout fait pour verser un peu de douceur dans les âmes. Vous aviez dit, crié, redit aux hommes : « Aimez-vous les uns les autres ! Et voilà que, pareil à ce noble Gladstone qui hochait la tête en disant : « Je suis bien vieux, mais j'ai bien peur de voir encore une grande guerre avant de mourir », vous répétez à votre tour : « Devais-je voir ainsi finir mes songes ? » — Et encore ceci : « Vous percevez ce qu'il y a de glas dans la musique d'une marche de victoire. Et vous devez, le soir, faire, avec vos enfants, de la charpie pour les blessés ; mais vous avez assez de tendresse dans le cœur pour vous dire que les petits hommes fanatisés par la presse japonaise ont besoin aussi de charpie, et que les petites mains des mousmés ont raison d'en faire pour les hôpitaux de Nagasaki ou de Yokohama. » M. Jules Claretie ajoutait en un autre endroit : « Je voudrais entendre ce que dit aux siens, sous la lampe, le penseur de la *Sonate à Kreutzer*, l'écrivain de la *Guerre et la Paix*. *Russe, son cœur de Russe et d'ancien soldat doit battre d'émotion en songeant à ses compatriotes qui combattent sous la croix de Saint-André…* Qui sait si, en dépit de telles idées et des faits, plus cruels que ces idées, vous ne croyez pas encore à l'universelle paix entre les hommes de bonne volonté ? Qui nous dira ce que votre œil de visionnaire entrevoit dans la fumée des incendies et par-dessus les tas d'agonisants ? « Le monde voudrait le savoir. Un de vos admirateurs vous le

— Oui, fit-il, j'ai lu en effet un extrait de cette lettre dans un journal russe.

— Vous n'y répondrez pas ?

— À quoi bon ? Que pourrais-je dire qui ne fût du bavardage ? Du reste, j'ai lu aussi dans le même journal la réponse que mon fils, qui est au Caire, a faite à cette lettre. Cette réponse est assez sage et j'y souscris en partie. En m'efforçant de faire aimer la paix et la concorde, je n'ai jamais pensé que ces exhortations pussent produire des fruits immédiats ; je n'ai jamais cru que le monde pût être d'emblée conquis à la fraternité : et si je l'avais vu pacifié, mon effort serait puéril et vain. La guerre actuelle n'est qu'une manifestation de la meurtrière folie des hommes. Elle doit affliger tous les hommes de conscience et de devoir, sans les surprendre : la merveille prodigieuse serait qu'il nous fût donné d'assister à la réconciliation entre les hommes. Mon fils a donc répondu avec bon sens. Où je ne suis plus tout à fait d'accord avec lui, c'est quand il affirme sa confiance dans l'action bienfaisante du procédé de l'arbitrage : je ne crois pas aux arbitrages.

— Cependant, fis-je, l'arbitrage généralisé, réglementé, loyalement pratiqué, ne serait-il pas un acheminement vers la pacification définitive ? L'idée même de l'arbitrage n'est-elle pas un acquiescement formel à la paix ?

— Sans doute, et je n'en conteste pas les bienfaits occasionnels. Il est certain que le tribunal de la Haye mérite des louanges unanimes, et qu'il faut déplorer que le conflit actuel ne lui ait pas été déféré par celui-là même qui, ayant pris l'initiative de constituer ce tribunal, envoie aujourd'hui un peuple à la bataille. Mais le salut n'est pas dans des combinaisons diplomatiques, si bien imaginées, si généreuses qu'elles puissent être ; le salut est dans la conscience individuelle, dans l'impérieuse notion du devoir que chacun doit porter en soi : il est là, et non pas ailleurs. J'ai confiance dans l'homme, je n'en ai point dans les artifices gouvernementaux. Je veux que l'amour de la paix cesse d'être l'aspiration peureuse des demande. Comment votre cœur de patriote accommode-t-il ses devoirs avec vos sentiments de philosophe ? *Je suis certain que, plus d'une fois, vous contemplez votre épée de 1854, suspendue depuis longtemps à quelque panoplie inutile*, et que l'apôtre du pardon suit de loin les plis du drapeau, dans la lumière, dans la lutte, au-dessus des charniers… *Le soldat, j'en suis sûr, s'est réveillé dans le penseur.* »
(Le Temps, 19 février 1904).

Georges Bourdon

peuples en épouvante devant les maux de la guerre, mais qu'il soit l'exigence inflexible de consciences droites.

Le repas s'achevait lentement. Nous étions maintenant au dessert. Le maître mangeait sans hâte, mais généreusement. Parfois, pour m'écouter ou pour me répondre, il tournait la tête vers moi, et je sentais alors ses yeux flamboyants, ses yeux étranges et prodigieux, dont le foyer s'attise, comme au fond d'une caverne de lumière, derrière la forêt des sourcils, entrer en moi comme des épées. Parfois il regardait devant lui, dans le vague. Ou il se renversait sur sa chaise, tenant sa ceinture ou couvrant sa poitrine de ses vastes mains. Tout en cet homme est singulier et saisissant. Comment des mains peuvent-elles être à ce point révélatrices d'une âme ? Les siennes expriment la puissance, la majesté, la délicatesse. Elles sont longues et larges, avec des plis innombrables, des doigts longs et forts, ronds comme des cylindres, sans renflement aux phalanges, et carrés du bout. Mains immenses, robustes et dominatrices, élégantes cependant, et souples, et qui sont d'un grand seigneur ; et quand il les pose sur sa blouse, on dirait qu'il en veut ceindre sa poitrine.

Il parla de la Russie, du régime russe, des hommes qui le représentent, de l'Empereur, de ses ministres, de « cet homme si fâcheusement dépourvu d'intellectualité qu'est M. de Plœhwe. »

— Le miracle, dis-je, est que l'on vous laisse en paix. Vous écrivez et vous parlez selon votre gré, et nul ne vous inquiète. Vous êtes le seul homme libre de l'empire. Vous réalisez ce paradoxe d'être, sous ce régime où la volonté d'un seul ordonne, l'obstacle unique devant lequel l'État hésite et s'arrête. Et cela prouve tout de même qu'il n'est plus aujourd'hui d'autocratie qui puisse dédaigner l'opinion du monde.

Alors Léon Nicolaiévitch, réfléchissant sur lui-même, laissa tomber lentement ces mots qui attestent la haute vertu de son esprit :

— Oui, je sais. Mais cette liberté même qu'ils me laissent me lie. Je me sens en vérité moins libre que s'ils entreprenaient contre moi.

Et, souriant maintenant, il ajouta :

— Je suis comme un passager sur un vaisseau en dérive, qui est le seul à pourvoir tenir le porte-voix, et qui le sait. Il faut qu'il s'en serve utilement et n'y dise point de bêtises — et ce n'est pas toujours facile.

Je fais allusion à l'excommunication naguère lancée contre lui par le Saint-Synode.

— Un geste bien inutile, fait doucement Tolstoï.

La comtesse intervient et dit :

— Savez-vous bien que le Saint-Synode a fait cela non seulement en dehors de l'Empereur, mais contre son gré ? L'Empereur a appris la chose quand elle était faite, par sa publication. Il n'était pas content. Il a fait venir aussitôt le procureur général du Saint-Synode, Pobédonostsev, pour lui demander des explications ; mais Pobédonostsev a pu lui prouver, textes en mains, que le droit d'excommunication est un privilège du Saint-Synode, un des rares actes où il peut exercer la plénitude de son libre arbitre. À quoi l'Empereur a répliqué que c'était possible, mais que Tolstoï n'est pas un moujik, et qu'une mesure prise contre lui est un acte assez important pour qu'on en réfère au souverain.

— Le comte n'y a rien perdu, dis-je, et nous y avons gagné, comtesse, l'admirable lettre que vous avez écrite alors au Saint-Synode.

— Ah ! vous trouvez ? fait-elle. Croiriez-vous qu'il y a eu des gens pour insinuer que j'avais écrit sous la dictée de mon mari ?… Or c'est à son insu que j'ai envoyé cette lettre. Il était à la promenade, lorsqu'est arrivé ici le décret du Saint-Synode. J'en ai été indignée, et, dans le premier mouvement, j'ai rédigé cette lettre. Mais comme je me doutais bien que mon mari ne l'approuverait pas, je l'ai tout de suite recopiée et expédiée à la poste. Si bien qu'à son retour, il a tout appris en même temps : et la décision du Saint-Synode et la réponse que je venais d'y faire. Et j'avais bien deviné. Il m'a dit : « À quoi bon leur écrire ? Tu donnes trop d'attention à ces choses. Il fallait laisser cela. » Mais j'ai répliqué : « Tant pis. Ton conseil vient trop tard. La lettre est partie. »

Le visage épanoui et souriant du maître est tourné vers sa femme, et, hochant la tête, il conclut amicalement :

— Mais oui, j'avais raison. Le mieux était de nous taire. Du reste, tout est bien. Tu as écrit une très belle lettre, et c'est tout.

Le dîner fini, le maître reste à table, moi près de lui. La comtesse, sa fille et sa bru se sont levées, et ont gagné l'extrémité de la pièce où elles s'asseyent autour de la table ronde, des ouvrages de femmes à la main.

Tolstoï, un moment silencieux, me dit :

— Les hommes ont sans cesse à la bouche ce beau mot de liberté. Il faudrait s'entendre sur ce qu'il signifie. On n'établit pas, on n'institue pas, on n'organise pas la liberté, qui n'est que le naturel épanouissement de l'individu. Tout le problème est de supprimer la violence. Bannissez la violence et la liberté sera.

— Pour abolir la violence, ne faudrait-il pas supprimer d'abord l'homme lui-même ?

— Ne dites pas cela. La violence n'est pas fondamentale dans l'homme, car je connais des hommes qui la haïssent, et je conçois une société d'où elle serait proscrite. Vous et moi, nous sentons très bien que ia violence est inutile entre nous, parce que nous avons à notre disposition un instrument qui lui est supérieur : la raison. Preuve qu'elle n'est pas un élément essentiel de notre nature. Tous les conflits qui les divisent, les hommes pourraient les résoudre par le seul secours de la raison, il ne faut donc pas dire que la violence est immanente dans l'homme. Il ne faut même pas se le demander, car c'est s'interdire alors d'en prêcher l'abolition en tarissant en soi-même les sources de la foi, Et comment proférer une erreur semblable ? Ne voyez-vous pas qu'un peuple existe qui a réalisé dans la fraternité son existence et son unité ? Ce sont les Doukhohors. Les Doukhobors constituent une société normalement organisée, et qui fonctionne régulièrement. Eh bien, ce qu'ils ont accompli par l'adhésion réfléchie de leur raison et par la soumission à la conscience, pourquoi l'humanité, un jour, n'y atteindrait-elle pas à son tour ?... Vous avez bien idée de ce qu'ils ont fait, les Doukhobors ?

— Certes, je le sais. Je sais aussi qu'ils ont éprouvé, au Canada, quelques difficultés ?

— Oh ! des difficultés passagères. Ils ne se sont pas très bien entendus avec le gouvernement de l'État dans lequel ils vivaient, et ils ont dû émigrer vers le sud, où ils ont trouvé des territoires en abondance. Ce sont des intransigeants. Leur morale est très élevée et leur conscience héroïque. C'est leur force, mais c'est aussi l'occasion de leurs tracas. Un beau jour, ne se sont-ils pas avisés qu'il n'était pas convenable que l'homme qui veut vivre selon la nature portât des vêtements ? Ils ont donc dépouillé les leurs, et se sont mis à aller nus. Ils se présentaient ainsi dans les villes, où, bien entendu, ils ont fait scandale et où la police n'a pas toléré leur sans-façon. On les a poursuivis. Ils se sont laissés mettre en prison. Mais ils ne s'inclinaient pas. Comment l'aventure se serait-elle terminée ? À coup sûr ils n'auraient pas cédé, et cependant on ne pouvait pas les interner tous, pour la vie, dans les prisons canadiennes ! Heureusement, leur chef, Veregin, absent alors, est hâtivement revenu parmi eux. Il leur a fait comprendre que les temps ne sont pas encore révolus du règne de la nature, et que, vivant parmi des hommes encore emprisonnés dans l'erreur, il était nécessaire qu'ils s'astreignissent provisoirement à la règle commune. Veregin a sur eux une grande autorité : ce que n'avait pu faire la force légale, il l'a accompli par le seul ascendant de son esprit. Et maintenant tout est bien chez les Doukhobors. Nul dissentiment entre eux, nulle querelle, nulle méfiance. La paix est en eux et sur eux. La fraternité lie leurs cœurs. Ils vivent pleinement heureux. Ils s'épanouissent dans la sérénité de la conscience. Ils travaillent, car le travail est sain. Ils cultivent leurs terres, et ils les cultivent par le seul moyen de leurs bras, car ils considèrent que nul être vivant ne doit être le serviteur des hommes.[1] Je sais que leur exploitation agricole est très prospère. Connaissez-vous un peuple dit civilisé qui ait mieux mérité de la loi morale ?…

VI

Durant la tourmente de l'affaire Dreyfus, le silence d'une bouche étonna le monde : ce fut le silence de Tolstoï.

---

1 La quiétude chez les Doukhobors n'aura pas été longue. Le vêtement leur est odieux, décidément. Le télégramme suivant a paru dans le *Figaro*, le mois dernier (juillet 1904) :

« *Winnipeg*. — Les Doukhobors tentent un nouvel exode. Ils se sont mis en marche en chantant des cantiques. Ils n'ont ni vêtements de rechange, ni provisions, et refusent d'accepter des habitants les aliments qu'on leur offre. Les Doukhabors sont, en effet, végétariens et les légumes sont actuellement fort rares dans le nord-ouest.

« Des fermiers qui les ont rencontrés assurent que, dans la prairie, ils marchent tout nus. »

Georges Bourdon

Pressenti, interrogé verbalement ou par lettres, Tolstoï se taisait. Ce fut, pour les défenseurs de la vérité, un grand sujet d'amertume. Sans doute ils se flattaient que Tolstoï fût des leurs ; il est des voix qui n'ont point besoin de s'exprimer pour se faire entendre, et ce n'est pas en son automne que toute une vie de vérité s'abat dans le mensonge. Cependant il gardait le silence avec opiniâtreté. Cette crise bouleversait et renouvelait notre patrie en glissement vers les décrépitudes ; et ayant soulevé la France, elle passionnait l'univers à son tour : quel verbe plus grave pouvait retentir alors au-dessus des clameurs forcenées des partis que le verbe de l'apôtre de Iasnaïa Poliana ? Le grand révolutionnaire et le grand anarchiste, le grand négateur et le grand constructeur, le prophète de la vérité et de la justice resterait-il muet dans le combat de la vérité et de la justice ? Ayant dévoué au Bien toutes les forces de son être, se tairait-il à l'heure de jeter une parole qui serait un acte de bien ? Vers quel flambeau se tourneraient les hommes, sinon vers la pensée de celui d'entre eux qui, dans le temps présent, est la lumière de l'humanité pensante ? Il se taisait.

Mon dessein était de demander à Tolstoï les raisons de son silence. Il combla mon désir en le devançant. Le premier, il me parla de l'affaire Dreyfus. Ce fut à l'occasion de Shakspeare et à la suite d'un enchaînement de propos que je rapporterai fidèlement.

Je lui demandais s'il travaillait beaucoup, s'il écrivait, ce qu'il écrivait.

— Oui, je travaille beaucoup, fit-il. Peut-être avez-vous idée » que j'ai déjà composé une façon de semainier où, pour chaque jour de la semaine, je note une lecture, morale. Mon idée s'est développée, et je me suis mis en tête maintenant de faire tout un calendrier, où je proposerais une lecture pour chacun des jours de l'année.

— Mais c'est un travail gigantesque !

— Oui, et vous pensez bien qu'il ne me reste plus assez de temps pour le mener à sa terminaison. Mais ce travail m'amuse. Il me force à relire tous les bons auteurs ; et c'est un peu à cause de cela que je l'ai entrepris. Ainsi je suis pour l'instant en commerce avec un de vos vieux écrivains du XVIe siècle, La Boëtie. « Avez-vous idée » de ce qu'est La Boëtie ? Est-il très connu en France ?... Il est l'auteur d'un certain *Discours sur la servitude volontaire*. C'est un écrivain profond et riche ; on gagne beaucoup à le pratiquer. J'adore aussi votre Montaigne, qui était son ami, et qui avait un esprit si original, si vivant, si humain, exprimé dans une langue si pure, si intelligente, si joliment nuancée... Et Pascal ! Ah ! Pascal, voilà un écrivain, et un cerveau, et un homme ! Quel malheur qu'il ait déraillé dans la seconde partie de ses *Pensées* et qu'il n'ait pas eu l'énergie de tenir bon jusqu'au bout !... Mais voilà, il a eu peur, il s'est effrayé lui-même, la discipline de l'Église l'a ressaisi, et il est mort sans s'être libéré. Oui, c'est un grand dommage pour le progrès de l'esprit humain...

Le maître se tait un instant, comme s'il méditait ; puis il reprend :

— Outre ce « Calendrier », j'envoie des articles à une revue anglaise. Même je prépare quelque chose sur la guerre actuelle.

— Ne projetez-vous pas une étude sur Shakspeare ?

— Elle est terminée.

— Et l'on m'a dit que votre jugement ne ménage guère le vieux Will ?

— Je dis ce qui est, voilà tout. Je dis ce que tout le monde penserait, si tout le monde consentait à réfléchir et à se faire une opinion sérieuse. Y a-t-il rien de plus extraordinaire, de plus paradoxal, que ce bruit fait autour de Shakspeare, autour du « génie » de Shakspeare ! Le « génie » de Shakspeare, c'est une de ces opinions toutes faites, que personne ne s'avise de vérifier, que les générations recueillent sans contrôle, et que chacun propage au petit bonheur. Mettez vos lunettes, regardez les choses de près, vous vous trouvez en présence d'une conjuration de sottise. La vérité est qu'il n'y a rien dans Shakspeare, rien...

— Oh ! maître !

— Non, non, rien. Ses drames sont de la mauvaise histoire. Ils sont vulgaires, sans idées générales ; ses caractères sont imprécis ; et de toute son œuvre il se dégage un mortel ennui. Mais voilà, on ne songe pas à cela, et ceux qui pourraient le dire ne l'osent pas. Et d'abord qui connaît vraiment Shakspeare aujourd'hui ? Qui s'est donné la peine de l'étudier sérieusement ? Qui même le lit encore ?...

J'essaie une protestation ; mais Tolstoï a un absolu en littérature

Georges Bourdon

comme en morale ; ici non plus, il ne juge pas, il constate ; il constate « l'évidence » de la sottise de Shakspeare, « l'évidence » qu'on ne le lit plus, « l'évidence » que personne ne connaît son œuvre ; et il s'étonne que chacun ne convienne pas de cette évidence.

Il poursuit d'une voix autoritaire :

— Mais non, personne ne le lit plus, et l'on parle de lui comme d'une chose établie, indiscutable, éternelle, comme on parle de la rotation de la terre ! Je vous dis que le génie et la gloire de Shakspeare sont un exemple inouï de suggestion universelle. Cet exemple, d'ailleurs, n'est pas unique ; ils abondent ; ils forment la masse résistante des préjugés humains ; mais je n'en sais pas de plus typique.

« Comment s'élaborent ces singuliers phénomènes ? Les causes en sont multiples et difficiles à démêler. L'une des principales est certainement l'action de la presse. La presse, qui, du reste, est capable de tant de bien, est bonne aussi pour le mal, et il est très curieux d'observer à quel degré d'invraisemblance elle est habile à suggestionner l'opinion publique. Elle commence par elle-même — automatiquement en quelque sorte — comme ces gens qui, à force de répéter une chose à laquelle ils ne croient qu'à moitié, finissent par y croire tout à fait et se forgent une sincérité de bronze. De proche en proche, revenant à tout propos sur le même sujet, elle finit par gagner l'attention du public et par le persuader à son tour, et ainsi elle crée des courants d'opinion qu'il devient impossible ensuite de remonter. Et qui le tente passe alors, lui, l'homme véridique et l'homme sage, pour le menteur et l'amateur de paradoxes. C'est ainsi que, sous le masque de la vérité, on identifie des idées fausses, et, je redis le mot, cela n'est pas autre chose qu'un phénomène colossal de suggestion...

Arrivé là, Léon Tolstoï ajouta tout de suite, sans transition :

— Voyez encore l'affaire Dreyfus. Qui jamais pourra m'expliquer pourquoi le monde entier s'est intéressé à la question de savoir si un officier juif avait ou non trahi son pays ? C'était un problème déjà peu important pour la France, mais tout à fait négligeable pour le reste du monde !

— C'était là, en effet, la donnée du problème, mais non tout le problème. Ce qui a fait l'universalité de l'affaire Dreyfus, c'est l'ensemble des principes qu'elle a brusquement posés devant la conscience française, en premier lieu celui-ci : un citoyen libre a-t-il droit, quoi qu'il arrive, fût-ce contre la société coalisée, à la justice ? Dès lors, c'étaient tous les principes de la Déclaration des droits de l'homme, c'était tout le droit des gens, toute l'idée de justice, qui étaient d'un coup évoqués, et le cas individuel devenait représentatif du concept social.

— J'entends bien ; mais ce problème est éternel. Il n'est pas de moment dans la vie de l'humanité où il ne puisse surgir avec la même force et la même évidence. Ne voyez-vous pas, tous les jours, en France, en Russie, chez tous les peuples, devant tous les tribunaux, que la justice la plus élémentaire est refusée à des êtres libres, que des innocents sont les victimes déplorables de l'erreur ou de la passion des hommes ! Contre tant d'iniquités entendez-vous que l'on proteste ? Les connaît-on seulement ?... Non, le monde les ignore, et, de sa marche lourde, écrase rudement les misérables... Pour toutes les questions soulevées par l'affaire Dreyfus, ne peut-on faire les mêmes constatations ? Me parlerez-vous de l'antisémitisme ? Ce n'est pas non plus une dispute nouvelle. L'iniquité antisémitique n'est pas spéciale à la France. Elle s'étale sur le monde méchant. Et pourquoi voulez-vous que ce petit officier juif, condamné à tort, je le veux bien, et innocent certes...

La comtesse Tolstoï, qui écoutait sans mot dire, intervint à ce moment, et fit :

— Vraiment, est-il innocent ?

Alors Tolstoï, levant les yeux sur elle, articula lentement, d'une voix soudain grave :

— *Oui, oui, il est innocent. Cela est prouvé. J'ai lu les pièces du procès. Il est innocent, on ne peut plus maintenant le contester.*

Je dis :

— J'enregistre, maître, cette déclaration, mais je l'enregistre sans surprise. Je ne doutais pas de l'entendre de votre bouche. Et comment Tolstoï eût-il failli à parler dans le sens de la vérité ? Mais si Dreyfus est innocent, fallait-il donc le laisser an bagne ?

— Non, certes. Ce n'est pas ce que je veux dire. Mais je cherche les raisons pour lesquelles l'innocence d'un homme a partagé la France et remué le monde.

Georges Bourdon

— Parce qu'on a vu se ruer contre elle, dans un délire abject, une bande effroyablement sauvage.

— Justement, pourquoi est-ce contre celui-là, contre celui-là seul, que ces gens se sont acharnés avec tant de fureur ?

— Vous faites leur procès, maître, et je ne suis pas leur avocat. Mais c'est toute l'affaire que vous venez d'évoquer d'un mot. Les hommes de vérité n'ont été si intrépides que parce que les hommes de mensonge ont été si furieux. S'il ne s'était pas rencontré un Méline et un Billot pour s'appareiller aux scélérats, pour tromper un Scheurer-Keslner, mentir à leur pays, se parjurer à la tribune des Assemblées et faire acquitter frauduleusement un homme qu'ils savaient être un coupable, un innocent aurait été réhabilité sans agitation, et il n'y aurait pas eu d'affaire Dreyfus.

— Soit, fait Tolstoï. Mais encore cet acharnement explique-t-il que l'on ait fait sortir du procès tant de choses étrangères au procès même ?

J'essaye d'exposer par quel enchaînement logique et nécessaire la cause d'un homme est devenue la cause nationale. Je montre, derrière une petite phalange démasquée, tout le corps d'officiers qui se range en ligne ; une caste militaire qui se révèle au sein d'une république démocratique ; à l'abri de cette caste, toute la troupe cléricale ; derrière la troupe cléricale, toutes les forces réactionnaires ; le sentiment patriotique, vivace en France, exploité au profit d'un nationalisme de bassesse ; la République menacée de confiscation par les anciens partis, vaincus de front, et qui tentent de reprendre la place par un mouvement tournant ; les libéraux contraints alors de former bloc contre le bloc conservateur ; l'initiale question de justice individuelle élargie en question de conscience nationale, le problème moral changé en problème politique ; la lutte ouverte entre les libertés républicaines et les tyrannies conservatrices, entre la Révolution et la contre-révolution, autour d'un mamelon central, qui est le procès d'un petit officier ; un arrêt de tribunal qui devient le gage de victoire de l'un ou de l'autre parti ; toute la justice, toute la vérité défendues par les hommes de vérité et de justice, tous les républicains en bataille autour de la République, tout le passé et tout l'avenir qui s'entrechoquent ; et le monde intéressé dès lors à connaître quelle parole suprême sortirait de la conscience de la France.

Tolstoï s'appliquait à m'écouter. Lorsque j'eus fini, la même interrogation obstinée remonta à ses lèvres :

— Encore une fois, pourquoi Dreyfus ? Je comprends toute ces choses. Mais rien de cela n'était nouveau. Qu'il y eût en France des réactionnaires et des libéraux, un cléricalisme accapareur et sournois, on le savait ; une armée constitué en caste, on pouvait le deviner. Ce qui m'échappe, c'est qu'il ait suffi qu'un conseil de guerre eût condamné à tort un officier juif pour que s'ensuivissent toutes ces découvertes qui n'en devaient pas être.

Je tente un nouvel effort :

— Est-ce que la logique gouverne le monde ? Les croyants disent que les voies du Seigneur sont impénétrables ; bien plus impénétrables, les lois qui dirigent les mouvements des hommes. À quoi bon discuter, contester, récriminer ? Il y a un fait, et contre ce fait personne ne peut rien ; par l'obscure vertu d'un jugement — inique, certes, mais pareil en effet à une multitude d'autres sentences rendues par la justice des hommes — un problème de conscience, un problème de droit, de moralité, de liberté, et, pour tout dire, tout le problème social s'est trouvé posé devant un peuple. Était-ce désirable ? Était-il important que ce peuple l'examinât, s'y passionnât, le résolût selon la vérité et selon son intérêt essentiel ? Est-il négligeable pour le progrès humain qu'un grand peuple ait poussé sa marche un peu plus outre sur la voie de la liberté ?… Cela étant, qu'importe le point de départ ? C'est au point d'aboutissement qu'il faut regarder. Toute l'affaire est là, non ailleurs. À ces questions, maître, est-ce que vous répondrez non ?

— Je conteste précisément que ce soit là la question. La question, c'est le prodige de ce grossissement démesuré d'une affaire judiciaire, où j'ai refusé de trouver des éléments d'intérêt essentiel pour le monde entier. Je ne puis y voir autre chose qu'un extraordinaire phénomène de suggestion universelle analogue à celui dont je vous parlais tout à l'heure. L'affaire Dreyfus et l'affaire Shakspeare, exemples différents d'une maladie unique. Ici et là, c'est la presse qui est la grande organisatrice. Mais ni ceci ni cela ne correspond à la vérité et ne se recommande de la sagesse. Voilà pourquoi je me suis systématiquement récusé dans l'affaire Dreyfus. J'ai été, de toutes les manières, sollicité de me prononcer. J'ai reçu, de tous les pays, des montagnes de lettres ; certaines étaient impératives et ressemblaient à des mises en demeure. À aucune de ces lettres, à aucune sollicitation verbale je n'ai répondu ; dans ce tourbillon de folie, j'entendais garder mon sang-froid et mon libre arbitre, et, il faut bien que je vous le dise, vos raisons ne m'ont point ébranlé.

Tolstoï continua :

— Ces phénomènes de suggestion, si étranges qu'ils paraissent, sont constants dans l'histoire du monde. En voici un autre. Comment expliquez-vous que, dans un pays qui a eu, dans le même temps, Alfred de Vigny, par exemple, et d'autres encore, on porte un Baudelaire au pinacle, et que l'on prétende faire de lui un grand poète ? N'est-ce pas une plaisanterie un peu forte ?... Baudelaire... Baudelaire... ce n'est pas sérieux, voyons !... Mais je ne veux pas vous chagriner, et j'ajoute tout de suite que nous avons chez nous l'équivalent.

Le maître nomme alors quelques écrivains russes, célèbre le glorieux Anton Tchekhov, qui, après un labeur illustre, meurt tuberculeux, à quarante ans, le jour même où j'écris ces lignes ; mais les autres étant vivants, je ne répéterai point les jugements de mon hôte sévère.

Tolstoï me parla aussi de quelques écrivains français. Parmi les vivants, l'un de ceux pour qui sa sympathie littéraire s'affirme avec le plus d'ardeur est M. Octave Mirbeau.

Je lui demandai :

— Avez-vous lu sa dernière pièce, les *Affaires sont les affaires* ?

— Oui, oui, je crois bien, fit-il aussitôt. Voilà une œuvre belle et riche ! Du reste Mirbeau a tant de talent !... J'aimais moins cependant son autre pièce... comment l'appelez-vous ?... les *Mauvais Bergers*, dont l'idée ne me semblait pas très claire. Mais celle-ci me ravit : elle est nette, lumineuse, hardie, solide ; des caractères bien posés, vivants et forts ; une action rapide et saisissante... Oh ! c'est très bien, très bien... Mais j'ai vu que l'on avait un peu disputé Mirbeau sur son dénouement : la mort brutale du fils, l'intervention des ingénieurs dans le désespoir du père, la discussion d'un contrat à l'instant même où l'on ramène le cadavre. Je ne comprends pas cette querelle, car cette péripétie est très belle, à mon sens, et j'y vois justement le point culminant de la pièce. Est-ce que Mirbeau pouvait conclure sans aller jusqu'au bout de son personnage et de son idée ? Et l'homme d'argent serait-il complet, si l'auteur ne nous le montrait irrémédiablement ravagé par la passion des affaires qui est toute son âme et toute sa vie, et qui, peu à peu, l'a empli, saoulé, lui a façonné, dans une monstrueuse déformation, son visage tragique, refoulant, délogeant de son cœur tout sentiment, toute pensée qui n'est pas celle des affaires, et définitivement nettoyé de tout ce qu'il restait d'humain au fond de lui ? Voilà ce qui est la beauté, ce qui est la force de ce dénouement, et ceux qui l'ont condamné n'ont évidemment rien compris à la pièce.

— M'autorisez-vous à rapporter cela à Mirbeau ?

— Oui certes, portez-lui cela de ma part, et en même temps mes amitiés, bien que je ne le connaisse pas. J'aime beaucoup son talent. Je trouve en lui à la fois de l'Alexandre Dumas fils et du Maupassant. Je lis tous ses ouvrages. Son *Journal d'une femme de chambre* m'a extrêmement plu : c'est aussi un livre très fort, et d'une humanité aiguë. Ne manquez pas de lui faire mes amitiés et de le féliciter de sa pièce. »

Je note la belle tenue classique de *les Affaires sont les affaires*, la simple et harmonieuse ordonnance qui donnent à l'œuvre son aspect de tragédie moderne…

— Oui, cela est très juste, interrompt Tolstoï. Par le développement, par le style, c'est une œuvre qui se rattache à la grande tradition française, et qui est l'une des plus pures de votre littérature contemporaine.

Un peu plus tard, nous parlions de Napoléon. Je dis :

— Octave Mirbeau a annoncé son intention d'écrire une pièce sur Napoléon. Et, selon son propre mot, c'est un Napoléon « imbécile » qu'il se propose d'y dessiner.

Tolstoï sourit avec un air de satisfaction.

— Savez-vous que ce n'est pas un paradoxe ? Napoléon avait évidemment de rares qualités d'énergie, de ténacité, d'activité ; mais c'était un capitaine assez pauvre d'idées. Ce n'est pas dans sa vie qu'il faut l'observer pour le comprendre, car sa vie fut un mirage perpétuel, et nous la voyons si bien confondue dans les événements, qu'il est difficile de faire à l'homme sa part exacte : c'est dans

Georges Bourdon

le *Mémorial de Sainte-Hélène*, où il a prétendu verser tout le suc de sa pensée. « Avez-vous idée » du *Mémorial* ? J'ai lu cela : c'est d'une misère déconcertante, un amas de lieux communs, de sottises, d'erreurs grossières, qui en disent plus sur le vrai Napoléon que toute l'histoire probablement frelatée de ses batailles…

« Ah ! Mirbeau pense à écrire un Napoléon ? Je suis enchanté que nous nous accordions là-dessus encore… C'est une excellente idée qu'il a. Qu'il y persévère. Mais dites-lui de ma part qu'il ne craigne pas de heurter les idées reçues, qu'il sache échapper à toute influence, qu'il dégage nettement sa pensée et l'expose dans sa vérité nue, qu'il pousse hardiment son personnage, et qu'il aille sans fléchir jusqu'au bout de son sujet. Pour une telle œuvre, il faudra beaucoup de courage et beaucoup de talent. Il a l'un et l'autre à un degré rare. Il est capable de la réussir, et il faut donc qu'il l'accomplisse. Ses qualités principales, qui sont la vérité, la force et le style, l'y aideront puissamment. Ce sont là des dons bien propres à votre race, où je ne me lasse point de les admirer. J'aime l'art français pour sa simplicité noble, pour sa clarté, pour sa probité. S'il ne possède ces qualités, n'importe celui qui écrira dans votre langue ne pourra se flatter d'être un écrivain de votre sang. Elles resplendissent chez tous les vôtres. L'un de ceux que je préfère est votre incomparable Flaubert. Voilà véritablement un bel écrivain, vigoureux, précis, harmonieux, complet, parfait. Son style est de la beauté pure. De combien d'auteurs pourrait-on sans excès faire un éloge semblable ?

Nous parlons un instant de Flaubert, et je révèle à Tolstoï les particularités de ses manuscrits, récemment divulgués, et qu'il ignorait.

Il continue :

— En regard d'un homme comme celui-là, voyez par contre votre Daudet, par exemple, à qui les Français ont essayé de faire une réputation extraordinaire. Réputation usurpée, voyons ! Est-ce que Daudet peut raisonnablement prendre rang parmi les têtes d'une grande littérature comme la vôtre ? Daudet n'est qu'un médiocre, et son œuvre est d'inspiration anglaise bien plus que française : lisez Dickens, et nous parlerons ensuite de Daudet, pour voir… Et encore X…, du talent, certes, mais quelle langue il écrit, mon

Dieu, quelle langue, — lâchée et prétentieuse à la fois, impropre, torrentueuse ! Ce n'est pas du style, cela... »

X... est un contemporain, à qui je ne ferai pas le chagrin de le nommer.

VII

La soirée s'avançait. À travers la vaste pièce, perdus dans le silence noir que nous sentions palpiter autour de nous, à l'infini, parmi l'innombrable campagne glacée, la vivante causerie du maître vénéré se prolongeait sans hâte et sans lassitude. Je voudrais pouvoir me rappeler toutes les choses profondes qu'il m'a dites, et la manière dont il les disait, et les gestes qu'il faisait, et les fulgurations de ses yeux, quand il les disait. J'évoque à cette heure la rude sérénité de son jugement, qui ignore l'angoisse de douter, d'hésiter, qui méprise la faiblesse de transiger ; la variété de ses propos, l'abondance de son information, la beauté morale dont se drapent naturellement ses pensées. Molle ou ardente, caressante ou âpre, sa voix montait gravement dans ce silence ou s'élargissait dans une sorte de bouillonnement intérieur ; parfois, de l'autre extrémité de la salle, la comtesse, le front penché sur une broderie, envoyait vers nous un mot rapide, toujours sage et souvent pittoresque ; et ces petites interruptions achevaient de fixer en moi l'image de Tolstoï, homme de famille et de foyer, le père et le patriarche, — père en cette maison de Iasnaïa Poliana, et patriarche de cette humanité dont chaque vibration décuplée retentit sur son cœur sonore.

Et je songeais à toute cette neige, à tout ce froid, à ces arbres nus, à ces plaines désertes, à l'immensité morne et glacée qui nous entourait, et qui développe sans fin dans la nuit sa misère blanche, à travers toute la Russie et la Sibérie pitoyable et l'homicide Mandchourie, jusqu'au bout de la terre, jusqu'à d'autres glaces qui sont les glaces de la mer et vont rejoindre le pôle... et, parmi cette immensité douloureuse, pareille ce soir, ainsi que je l'imaginais, à un blanc cimetière, à un cimetière qui serait toute la terre, voici, solitaire, une lampe qui veille, une lueur qui frissonne dans le néant de la vie : la lueur merveilleuse que font, dans la détresse des hommes, un cerveau en méditation et un cœur qui palpite. Et

Georges Bourdon

j'étais, à cette heure, l'indigne que baignaient les rayons de cette lampe auguste !

Sur quoi réfléchissait Léon Nicolaiévitch ? Il se taisait. Et moi, songeant à ces choses, je respectais le recueillement de son âme.

Un pas soudain gravit l'escalier de bois. Le docteur parut ; et il sembla qu'avec lui un peu de froid entrait dans la maison. Il venait de Toula. Il avait profité de son voyage pour rapporter le courrier : un gros paquet de livres, de revues, de journaux, de lettres. Léon Nicolaïévitch ouvre un télégramme : c'est un journal russe qui lui demande son opinion sur la guerre.

— Me voyez-vous, fait-il, écrivant dans un journal russe, sous le guet de la censure, ce que je pense de la guerre ?

Il inspecte les adresses. Il saisit une grande enveloppe dont il reconnaît aussitôt la provenance :

— Ah ! dit-il, voilà justement une lettre de Veregin, le chef des Doukhobors !

Il là lit, et, tout en lisant :

— C'est bien ce que je vous disais. Tout va très bien là-bas. Veregin, qui est un homme admirable, a remis toutes choses en ordre, et la paix est revenue entre les Doukhobors et les Canadiens.

Comme Tolstoï a posé la lettre de Veregin, je lui demande :

— Les Doukhobors vous paraissent-ils réaliser intégralement les principes de vie individuelle et de vie sociale qui sont les vôtres ? Je veux dire : Sont-ils, selon vous, parvenus au perfectionnement intégral ?

Tolstoï me regarde droit dans les yeux, réfléchit un moment, puis, avec gravité, il prononce :

— Je le crois vraiment. Ils sont bons chrétiens. Ils ne tuent, ni ne volent, ni ne mentent, ni ne s'enivrent, Ils mènent une vie exempte de dérèglement. Ils sont simples. Ils ignorent l'envie, la colère, l'ambition. Ils proscrivent la jouissance et détestent la violence. Ils pratiquent le bien. Ils sont en permanent effort sur eux-mêmes pour paralyser la poussée des vices ataviques et réaliser la vertu. Que souhaiter davantage ? Oui, en vérité, je crois bien qu'ils sont l'image accomplie d'une humanité libérée.

— Permettez-moi, dis-je, de vous soumettre l'envers de la même question. Si les Doukhobors sont ce que vous pensez, quel serait, en revanche, selon vous, celui de tous les peuples organisés qui, au moment où nous sommes, paraît le plus éloigné de la perfection où ceux-là se sont élevés ?

Tolstoï cherche, hésite, puis :

— Je ne sais, fait-il. Non, je ne sais pas. Je n'ai pas réfléchi sur cette question.

— Ne pourrait-on pas dire que les Américains sont ce peuple-là ?

— Pourquoi ?

— Voilà un peuple terriblement réaliste, jouisseur, systématiquement hostile à l'idéal. L'ambition de son cœur, la passion de sa vie, c'est l'argent, ce sont les jouissances que donnent, je ne dis pas même l'emploi de l'argent, mais la conquête et la possession de l'argent. Ils ignorent les arts, ils méprisent la beauté désintéressée. Par surcroît, les voici impérialistes. Ils pouvaient, sans péril pour leur existence nationale, rester des pacifiques ; il leur a fallu une flotte, une armée ; ils se sont mis en quête de l'Espagne, pour la combattre, et ils commencent à défier l'Europe. N'est-ce pas, dans le monde, un grand objet de scandale, que la révélation des appétits conquérants d'un peuple tout neuf, que n'entraîne nul atavisme guerrier, et n'est-ce pas, pour vous, un grand sujet d'amertume ?

— Je sais bien ce que l'on reproche habituellement aux Américains, et je sais qu'ils méritent en partie ces reproches. Il est très vrai que l'Américain d'affaires n'agit qu'en vue de l'argent, qu'il vit autour de ses milliards. Mais le peuple entier est-il vraiment pareil à celui-là, et peut-on lui faire porter la responsabilité des passions avides de la classe possédante ? Pour ma part, je connais des Américains qui « pensent très bien », qui sont purs, sages, exempts de ces déplorables vices. J'ai lu aussi des ouvrages d'auteurs américains, comme celui de Garrisson, qui sont excellents. L'année dernière, nous avons reçu ici la visite de M. Bryan, l'ancien candidat à la Présidence. C'est encore un homme « qui pense très bien », qui a des idées larges, un esprit généralisateur, un cœur généreux, et que sa doctrine monétaire, malheureusement pour son pays, a fait échouer… Non, on ne peut pas, en conscience, se prononcer d'une façon aussi catégorique sur l'âme américaine, que l'on connaît encore très mal.

Georges Bourdon

Le docteur, qui est d'allures réservées et parle peu, s'était mis à table, avait rapidement dîné d'un peu de viande froide, et il venait de rejoindre la comtesse, sous la lampe, autour de la table ronde.

Je dis à Tolstoï :

— Le monde entier, maître, écoute avec admiration votre parole ardente. L'idéal de paix que vous propagez est d'une généreuse beauté. Mais…

Je m'étais arrêté ; et Tolstoï, souriant, formula ma pensée :

— Mais vous redoutez qu'il ne soit irréalisable ?

— Oui. De grands apôtres l'ont prêché, Confucius, le Bouddha, Jésus, Mahomet, et les Prophètes, et les Pères de l'Église. Tous les penseurs, Platon, Socrate, Kant, Spinoza, Pascal, cent autres, tous les poètes se sont efforcés à préparer la fin de la violence et l'avènement de la justice… Pour quel résultat ? Je vois les peuples en permanent appétit de batailles, et le cœur humain, si j'en juge par le mien, toujours chargé d'ignominie !…

— Il ne faut pas nier le progrès humain. J'ai foi dans l'humanité. Elle ne cessera pas de se développer selon la vérité, et se réalisera dans le bien.

— À travers combien de tourmentes, et dans quel lointain avenir ?

— Que fait le temps ? L'évolution humaine est un glissement insaisissable, à peine perceptible à notre entendement, mais continu et incessamment progressif. Tandis que nous vivons au jour le jour, attentifs aux phénomènes passagers, mais inconscients de la profonde loi des faits, l'humanité poursuit sa route, lentement, pesamment, sans répit, vers la lumière de la vérité. Notre impatience fait notre erreur. Nous jugeons les choses d'après nous-mêmes, d'après l'infime portion de durée que tient notre vie. Réfléchissons davantage aux milliers d'années qui nous ont précédés, aux milliers d'années qui nous succéderont. Quand on regarde de si haut, l'espoir est permis. Comment nier le progrès humain ? À ne considérer même que le petit espace d'histoire qui est pour nous tout le passé, quel adoucissement des mœurs, quelles conquêtes déjà sur la bestialité initiale ! L'homme a supprimé la torture, supprimé l'esclavage : n'est-ce rien ? Il s'affranchit un peu plus chaque jour. Déjà il est d'accord sur l'odieux de la violence. Bientôt il conviendra de son inutilité. Il a sur la bouche, s'il n'a pas dans le cœur, les mots de justice, de fraternité, de pardon. De proche en proche, le temps viendra de son épanouissement définitif.

— Le progrès est bien lent, et la forêt de vices à défricher infiniment profonde. Alors, tant de centaines de siècles auront passé, que L'univers peut-être aura achevé un cycle, et que la vertu enfin triomphante, à l'heure de régénérer l'humanité, la verra s'abîmer dans l'évolution des mondes ?...

— Ah ! peut-être !... Mais ne regardons pas à cela. Que notre idéal soit chimérique, cela n'est pas, mais peu importe ! Est-il noble, est-il pur ? Peut-il en sortir du bien et du vrai ? Est-il selon la loi morale ? Voilà ce qu'il faut se demander, et, si l'on se répond oui, il faut le prêcher sans lassitude, sans impatience... »

Ainsi parlait le glorieux maître. Sur l'incendie des batailles mandchoues, dans le tumulte des hommes furieux, dans l'entrechoquement des barbaries renaissantes, la sérénité de son âme obstinée au bien laissait tomber ces intrépides paroles de foi pacifique, que la flamme des combats volatilise, comme se volatilise la pluie des nuages au-dessus du cratère des volcans. Qu'importe que l'aveugle humanité traite de visionnaires ceux de qui l'illusion est de croire à la beauté de son destin ! De même que le feu des volcans s'épuise tandis que s'égouttent sans fin sur leurs sommets les nuages incessamment renouvelés, le jour viendra où, de l'intarissable source des âmes bienfaisantes, les ondes pacifiques se répandront sur l'humanité fraternelle. Et les visionnaires d'aujourd'hui sont les prophètes de demain.

Tolstoï s'était levé sur ces mots d'espérance et, emportant son courrier, il s'était retiré dans son cabinet de travail pour le lire à l'aise.

La comtesse fait alors :

— Il vous a dit des choses intéressantes, n'est-ce pas ?

Puis, tout aussitôt :

— Elles ne sont pas nouvelles pour nous. Il y réfléchit sans cesse, et il nous en parle souvent. Ou plutôt il en parle devant nous. Car lui, que vous voyez si enclin à causer, si prompt à discuter, il s'enferme, quand nous sommes seuls, dans ses méditations, et il faut que nous ayons une visite pour qu'il rompe son silence !

Georges Bourdon

J'exprime à la comtesse, en termes brefs, la grande vénération que toute la France pensante a pour le génie de son mari, et j'évoque la fête triomphale que Paris lui ferait, s'il consentait à le visiter.

— Oh ! je m'en doute, fait-elle vivement. Et partout, du reste, je crois que l'accueil serait très beau. Mais il ne peut pas être question de cela. D'abord mon mari n'a jamais aimé se déplacer beaucoup, et il n'a que peu de goût à se mettre en évidence. Mais quand même il songerait maintenant à voyager, je ne le laisserais pas faire. Pensez aux fatigues, et surtout aux émotions que lui vaudrait un voyage à Paris ! La réception que je prévois serait périlleuse pour sa santé. Il se porte bien, mais à la condition de se ménager. Depuis sa maladie de Crimée, où l'état de son cœur nous a donné tant de tourments il est obligé de prendre quelques précautions. Convenez qu'une tournée du genre de celle-là ne serait pas son affaire.

— Mais vous, Madame ?

— Oh ! moi, je voudrais bien. Je n'ose pas. Si un malheur arrivait en mon absence, j'aurais le sentiment d'une responsabilité affreuse, et je ne me remettrais pas de ma peine. J'ai beau me dire que sa santé est restaurée, que rien de pareil n'est maintenant à craindre… que voulez-vous ? je suis femme… On ne raisonne pas avec ces impressions-là !…

Lorsque rentre le comte Tolstoï, il tient à la main deux ou trois revues et un roman d'un jeune écrivain français. Il tend à sa bru l'une des revues, en lui signalant un article qui l'intéressera, et, me montrant le livre français, il me nomme son auteur :

— J'ai reçu ce livre ce soir. « Avez-vous idée » de M. X… ?

— Certes, je le connais et je connais ses ouvrages.

— Il me les envoie, dit Tolstoï. J'en ai lu un ou deux. Il n'a pas grand talent, n'est-ce pas ? C'est soigné, consciencieux, laborieux, et c'est tout. Il n'a pas cette petite flamme, qui fait que l'on s'attache au livre et que l'on s'intéresse à un esprit.

Tout aussitôt, il ajoute :

— Où s'arrêtera-t-on dans la furie d'écrire ? On se plaint que les livres ne se vendent plus ; mais ce n'est pas exact ; seulement leur nombre augmente tous les jours, et le nombre des lecteurs reste à peu près le même ; d'où ce que l'on a appelé injustement la crise du livre. La quantité de ceux que je reçois est inimaginable ; on m'en envoie tous les jours de tous les pays ; comment songer dès lors à se tenir au courant de ce qui paraît ? J'y passerais toute ma vie et elle n'y suffirait pas ! Alors qu'arrive-t-il ? Il arrive qu'on ne lit plus. On ouvre un livre, on le feuillette, on en parcourt deux ou trois pages au hasard, on le referme, et c'est tout : on n'a plus vraiment le goût de lire les livres.

« Avez-vous éprouvé quelquefois cette sorte d'hypnotisme particulier qui se dégage du livre imprimé ? Un ouvrage vous parvient, vous l'ouvrez, et vous jetez les yeux sur la page offerte par le hasard. Vous lisez la phrase qui se présente à vous, puis une seconde. Ces phrases, distraites de l'ensemble, n'ont pour vous aucun sens. Elles sont totalement dépourvues de signification, elles ne témoignent ni pour ni contre l'auteur. Et cependant il s'en exhale aussitôt une impression qui est de la sympathie ou de l'antipathie. C'est comme si ce livre avait une âme, et que son âme fût soudain apparente pour vous. Alors ou bien, sans pousser plus outre, vous fermez le livre, et vous le fermez pour jamais ; ou bien vous éprouvez l'inconsciente curiosité de vous approcher de l'auteur davantage, et vous poursuivez votre lecture. Mais ce n'est pas en avant que vous la poursuivez, c'est en arrière. Ce qui vous intéresse d'abord, ce n'est pas ce qui suit les deux phrases que le hasard vous a livrées, c'est ce qui les précède. Vous vous attachez moins aux conséquences qu'aux origines. Et ainsi, de page en page, si l'intérêt se continue, vous remontez jusqu'au début ; puis, arrivé à la première ligne, vous reprenez ensuite votre lecture, faisant en sens inverse le chemin que vous venez de parcourir, et vous allez cette fois jusqu'à la fin. C'est une manière de faire bien irraisonnée, et que l'on justifierait difficilement ; mais j'ai observé souvent sur moi-même que je m'y laisse entraîner...

« Et voilà comment on lit aujourd'hui ; on se laisse conduire non par le libre choix de l'intelligence, mais par des influences occultes, qui s'exercent au petit bonheur, selon l'heure, selon la disposition du moment, selon le loisir dont on dispose. La faute en est à l'invraisemblable abus dont tout le monde pâtit, à cette manie d'écrire qui est la gangrène de la littérature : est-il possible en vérité que tous ceux qui écrivent croient en conscience avoir quelque chose à dire ?...

Georges Bourdon

Le comte Tolstoï, qui, tout en parlant, marchait à travers la pièce, s'assoit à la table ronde, que la comtesse et sa bru viennent de quitter pour un instant ; et de nouveau nous sommes seuls.

Il se passe la main sur le front et sur yeux, et fait un mouvement de lassitude. Je lui demande s'il est souffrant :

— Non, dit-il, je vais bien. Mais je me sens fatigué depuis quelques jours. Le soir, j'éprouve parfois, après une journée de travail, de petits étourdissements passagers.

Puis, avec un grand geste accablé :

— Ah ! comme c'est ennuyeux ! Il va falloir « se remettre à s'affaiblir, à se préparer à la mort ! » … Je la sentais si proche, j'y étais si bien consentant, il y a deux ans ! Je croyais bien que tout était dit, que c'était fini, que la cloche avait sonné… Ce n'était pas vrai… Je me faisais l'effet d'un vieil équipage, tombé au fond de l'ornière, embourbé ; encore un petit glissement, encore une petite inclinaison, il chavirait de l'autre côté, et c'était fini, et j'étais parti ; j'avais accepté cela, et je ne me sentais nul regret… Mais non, il a fallu que l'on vienne à la rescousse de ce vieil équipage délabré, et qu'on le tire violemment en arrière, et qu'on lui fasse repasser l'ornière pour le ramener de ce côté-ci ! Et me voilà… Et toute cette descente, toute cette chute, il faudra la recommencer un jour, bientôt, et ce seront de nouvelles souffrances, de nouvelles résistances, de nouveaux chagrins… Comme c'est ennuyeux ! »

Le vieux maître dit ces choses en souriant, en riant presque. Tout le tragique de ces propos, je sens que je suis seul, à cette minute, à le ressentir. Il parle de sa mort comme il parlerait vraiment d'une course en traîneau dans un chemin défoncé par le dégel. Qu'il sourit donc à la mort : la mort est timide devant qui lui prépare des fêtes. À l'heure marquée, on l'accueillera ici sans surprise ; elle y trouvera un visage d'allégresse et un cœur intrépide, et, comme un fruit mûr, une vie qui se détachera sans déchirement au-dessus de son voile tendu. Sérénité du philosophe qui a médité sur les fins et les causes. Contentement du sage au crépuscule de sa destinée…

Mais je réfléchis aussi que Tolstoï est bien de sa race. L'accoutumance à l'idée de la mort est au fond de l'âme russe. Le paysan parle de la mort avec une paix confiante. Jadis il avait, dans un coin de son isba, son propre cercueil, et, quand il avait expiré, ses proches l'enveloppaient dans un linceul que ses mains vivantes avaient préparé.

... La soirée passait. Onze heures avaient sonné. Je demandai quelle était l'heure exacte du train qui devait me ramener à Toula :

— Mais non, fait le comte Tolstoï, demeurez donc avec nous le reste de celle soirée. Il neige, il fait froid et triste la nuit. Vous auriez un départ lugubre. Je ne veux pas que vous quittiez notre maison sur une impression maussade. Vous coucherez ici, où un lit vous attend, et demain malin, s'il vous convient, le traîneau vous conduira à Zasseika.

La comtesse, qui vient de rentrer, veut bien me faire la grâce d'insister à son tour, et il est convenu que je passerai la nuit à Iasnaïa Poliana.

La conversation, après quelques courbes, revient au point où elle était restée un peu plus tôt, et je dis au maître :

— N'est-ce pas votre opinion que l'avènement de la paix en Europe pourra être hâté par la nécessité économique ?

— Comment cela ?

— Ainsi, des statisticiens prétendent que, dans un temps qu'ils fixent approximativement, l'Amérique sera en mesure non seulement de se suffire totalement à elle-même, mais encore d'amener ses produits sur le marché européen à meilleur compte que nous ne pouvons vendre les nôtres. Si les statisticiens ne se trompent pas, c'est, à une échéance certaine, la faillite de l'Europe. Alors l'Europe, contrainte à la défense, sera amenée...

— ... à s'unir pour faire la guerre à l'Amérique ?

— Pour lui faire la guerre, non, mais pour lutter contre elle à coups de tarifs protecteurs. Cette union commerciale ne serait guère compatible avec la persistance de rivalités armées et de convoitises territoriales, et c'en sera fait dès lors des grandes et misérables querelles qui nous divisent. En outre, comment l'Europe ne comprendrait-t-elle pas que les milliards jetés chaque année au gouffre de ses budgets militaires appauvrissent d'autant sa vie économique, et, n'ayant plus l'emploi d'armées et de flottes coûteuses, ne sera-l-elle pas conduite alors à réduire ses armements d'un commun accord ? Que pensez-vous de cette hypothèse ?

— Ce n'est pas de tels événements que nous pouvons attendre la fin des guerres. Qu'ils se réalisent, la guerre ne sera pas abolie pour cela. Elle prendra une autre forme, voilà tout. Et que vaudrait une paix qui n'aurait pas été consentie par la volonté réfléchie de consciences chrétiennes, mais imposée par des nécessités matérielles d'ailleurs peu estimables ? Elle apparaîtrait aussi fragile, aussi précaire que ce qu'on appelle aujourd'hui, d'un mot absurde, la paix armée. D'ailleurs, je ne pense pas que votre hypothèse se vérifie.

— Cependant, si l'Europe se voit affamée, si elle a à choisir entre vivre et mourir ?

— Eh bien, si elle se sent acculée à une nécessité sérieuse, elle restreindra ses besoins, elle vivra de ses propres ressources, de manière à se passer de la fourniture américaine. Ce n'est pas une chimère. Kropotkine a démontré, par des calculs irréfutables, que l'Angleterre, par exemple, qui passe pour tributaire du monde, que le territoire de l'Angleterre peut, le jour où elle le voudra, satisfaire à tous les besoins de ses habitants. Mais l'industrie gaspille ses forces à produire une foule de choses tout à fait inutiles. Peut-on soutenir qu'il soit indispensable à la richesse d'un pays de fabriquer ce que l'on appelle des articles de Paris et autres vaines bagatelles ?

— Craignons, fis-je, que l'Europe préfère tout, fût-ce la guerre, fût-ce même la paix, à la nécessité de restreindre les besoins que les hommes se sont créés.

— Ce n'est pas sûr. Mais comment discuter là-dessus ? Si ces événements que vous dites doivent se produire, nous ne sommes maîtres ni de les hâter, ni de les retarder, et à coup sûr le monde ne les verra que dans un avenir encore lointain. Eu tout cas, ne décourageons pas l'Amérique. C'est une nation jeune, hardie, entreprenante, et qui s'entend aux affaires. Si elle produit à meilleur compte que l'Europe, tant mieux pour elle, et surtout tant mieux pour l'Europe. Je ne suis pas sensible aux opérations des industriels ; mais je sais qu'il est excellent, pour tous ceux qui achètent, c'est-à-dire pour tout le monde, de payer le moins cher possible… »

Minuit. C'est l'heure quotidienne où Tolstoï se retire, ayant rempli sa journée. Il se lève, me tend sa large main, et souriant d'un sourire qui illumine son puissant et généreux visage :

— Peut-être ne vous reverrai-je pas demain, si vous partez, car je ne suis pas extrêmement matinal. Au revoir donc. Vous avez, je crois, un proverbe qui dit que les montagnes ne se rencontrent pas, Nous ne sommes pas des montagnes : je souhaite que nous ne fassions pas comme elles, et j'espère que je vous recevrai encore chez nous. Vous y serez toujours le bienvenu. »

Ma main dans la sienne, j'éprouve un frémissement de toute mon âme. Cette journée enchantée a passé comme le rêve d'un instant. Elle s'achève, et je voudrais l'étreindre, la retenir avant qu'elle soit devenue du passé.

Je regarde le maître sans parler, âprement, puérilement obstiné à m'envelopper de la flamme de ses yeux, du rayonnement de son bon génie. Comprend-il, à cette minute, tout ce qui s'agite en moi de ferveur passionnée, d'exaltation tendre, et aussi d'impuissance désespérée de ne pouvoir saisir de lui tout ce que j'en voudrais garder et déposer au fond de mon cœur ?

Il se tient immobile, ses yeux sur les miens, et, debout dans sa blouse grise, un pouce suspendu à sa ceinture de cuir, inclinant son vaste front serein, il m'apparaît infiniment noble, infiniment généreux, infiniment grand.

J'ai connu la beauté hospitalière de cette maison, et toute la grâce qu'y disperse une femme incomparable, et toute la beauté morale qu'on y aspire... Y reviendrai-je jamais ? Reverrai-je l'hôte auguste ?... J'éprouve à la fois toute la puissante allégresse des heures que j'ai vécues ici, et la peine que ces heures aient été si courtes, et l'anxiété de ne plus jamais en revivre de semblables ; et c'est tout cela que voudrait exprimer mon silence...

Tolstoï fait un dernier signe d'adieu, et, de son pas mesuré et grave, il gagne son appartement.

***

Le lendemain matin, j'ai quitté Iasnaia Poliana.

Départ sans joie. Un traîneau m'attend au seuil de la maison. Il est huit heures, le jour est levé depuis assez longtemps déjà, mais la nuit ne se laisse refouler qu'à regret. Le ciel est de plomb, opaque et lourd, et l'on dirait qu'au lieu de distribuer la lumière, c'est lui qui

Georges Bourdon

la reçoit, grisâtre et morne, du sol drapé de neige.

Il fait doux et triste. L'horizon est tout proche de nous ; c'est une barrière sombre où il semble que mon cheval, à toute minute, va heurter son naseau qui projette des vapeurs.

Le paysage qui nous entoure est une petite chose étroite el rabougrie, où le traîneau s'enfonce doucement, comme dans de la matière élastique, et qui semble impénétrable, mais qui se renouvelle sans cesse et sans cesse est pareille.

La neige dans la nuit a recouvert nos traces d'hier. Le suaire blanc s'étend sans pli et sans déchirure. La campagne est un tombeau sans fin, que gardent, veilleurs affligés, les spectres graves des arbres.

De toute la forêt, de l'immensité vierge de la plaine, s'exhale une lourde mélancolie. Les choses ont leur âme et leur parfum. Celui qu'on respire ici est le parfum glacé des fleurs de mort dont parle Lucrèce, et l'âme errante des mondes détruits habite ces lieux.

Je sens tomber sur mon front des brumes pesantes. Une poussière de neige, que le vent soulève, nous enveloppe de son tourbillon cinglant, et le lent traîneau, incertain du chemin que nul indice ne décèle, glisse avec prudence, à travers cette désolation, vers la petite gare puante de Zasseika — fantôme noir portant des fantômes parmi les champs blancs de la mort…

Depuis longtemps, la petite maison du sage a disparu dans la brume. Mais, à travers la brume, une lumière y resplendit, la lumière de l'esprit plus fort que les ténèbres…

Juillet 1904.

RESSAISISSEZ-VOUS !
PAR
LÉON TOLSTOÏ
(La Guerre Russo-japonaise)

Mais c'est ici votre heure et la puissance des ténèbres.

(Saint Luc, XXII. 53.)

I

Mais ce sont vos iniquités qui ont fait séparation entre vous et votre Dieu, et ce sont vos péchés qui ont fait qu'il a caché sa face de vous, pour ne plus vous écouter.

Car vos mains sont souillées de sang et vos doigts d'iniquités ; vos lèvres ont proféré le mensonge, et votre langue a dit des choses perverses.

Il n'y a personne qui crie pour la justice et il n'y a personne qui juge pour la vérité ; on se fie en des choses de néant, et on dit des choses vaines ; on conçoit le travail, et on enfante le tourment.

Leurs ouvrages sont des ouvrages d'iniquité et leurs mains font des actions de violence.

Leurs pieds courent au mal et se hâtent pour répandre le sang innocent, leurs pensées sont des pensées d'iniquité ; la ruine et la désolation sont dans leurs voies.

Ils ne connaissent point le chemin de la paix, et il n'y a point de justice dans leurs voies ; leurs sentiers sont des sentiers détournés ; tous ceux qui y marchent ne connaissent point la paix.

C'est pourquoi le jugement s'est éloigné de nous, et la justice ne vient point jusqu'à nous : nous attendions la lumière et voici les ténèbres ; la splendeur, et nous marchons dans l'obscurité.

Nous allons à tâtons comme des aveugles le long de la muraille ; nous allons à tâtons comme ceux qui sont sans yeux ; nous avons bronché en plein midi comme sur la brune, et nous avons été dans des lieux désolés comme des morts (ISAIE, LIX, 2, 3, 4, 6, 7, 8, 9, 10.) La guerre est plus vénérée que jamais. Un artiste habile en cette partie, un massacreur de génie, M. de Moltke, a répondu, un jour, aux délégués de la paix, les étranges paroles que voici :

« La guerre est saint, d'institution divine ; c'est une des lois sacrées du monde ; elle entretient chez les hommes tous les grands, les nobles sentiments : l'honneur, le désintéressement, la vertu, le courage, et les empêche, en un mot, de tomber dans le hideux matérialisme. »

Ainsi, se réunir en troupeaux de quatre cent mille hommes, marcher jour et nuit sans repos, ne penser à rien, ni rien étudier, ni rien

Georges Bourdon

apprendre, ni rien lire, n'être utile à personne, pourrir dans sa saleté, coucher dans la fange, vivre comme des brutes dans un hébétement continu, piller les villes, brûler les villages, ruiner les peuples, puis rencontrer une autre agglomération de viande humaine, se ruer dessus, faire des lacs de sang, des plaines de chair pilée, mêlée à la terre boueuse et rougie, des monceaux de cadavres, avoir les bras ou les jambes emportées, la cervelle écrabouillée sans profit pour personne, tandis que vos vieux parents, votre femme et vos enfants meurent de faim, voilà ce qu'on appelle ne pas tomber dans le plus hideux matérialisme ! (GUY DE MAUPASSANT, *Sur l'eau*.)

Nous nous bornerons à rappeler que les différents États de l'Europe ont accumulé une dette de 130 milliards, dont 110 environ depuis un siècle, et que cette dette colossale provient presque exclusivement des dépenses de guerre, qu'ils tiennent sur pied en temps de paix plus de 4 millions d'hommes et peuvent porter ce chiffre à 19 millions en temps de guerre ; que les deux tiers de leurs budgets sont absorbés par le service de la dette et l'entretien des armées de terre et de mer. (G. DE MOLINARI. *Esquisse de l'organisation politique et économique de la société future*, p. 35, 36).

De nouveau la guerre, de nouveau les souffrances utiles à personne, provoquées par rien, de nouveau le mensonge, de nouveau l'abrutissement, la bestialité des hommes !

Des hommes, des centaines de mille hommes, séparés par dix mille verstes, d'un côté des Bouddhistes, dont la loi défend non seulement le meurtre des hommes mais celui des animaux ; de l'autre, des chrétiens qui professent la loi de la fraternité et de l'amour ; ces hommes, comme des bêtes sauvages, se poursuivent les uns les autres sur terre et sur mer, pour se tuer, se mutiler de la façon la plus cruelle.

Qu'est-ce donc ? Est-ce un rêve ou la réalité ? En présence d'un acte qui ne doit pas, qui ne peut pas être, on veut croire que c'est un rêve et l'on veut s'éveiller. Mais non, ce n'est pas un rêve ; c'est la terrible réalité.

Prenons un Japonais, détaché de son champ, pauvre, ignorant, trompé, à qui l'on fait croire que le Bouddhisme ne consiste pas en la commisération pour tout être vivant, et qu'il consiste à faire des sacrifices aux idoles, ou un semblable pauvre garçon de Toula, de Nijni Novgorod, illettré, à qui l'on enseigne que le christianisme consiste en l'adoration du Christ, de la mère de Dieu, des Saints et de leurs icônes, à la rigueur on peut comprendre que ces malheureux, amenés, par une violence séculaire et par la tromperie, à trouver bien le plus grand crime du monde : le meurtre de ses semblables, puissent commettre cet acte affreux sans se juger coupables. Mais comment les hommes soi-disant éclairés, peuvent-ils propager la guerre, y aider, y participer et, ce qu'il y a de plus terrible, sans s'exposer aux dangers de la guerre, y pousser, y envoyer de malheureux frères trompés ? Ces gens, soi-disant éclairés, sans parler même de la loi chrétienne, s'ils la professent, ne peuvent ignorer tout ce qui fut et est écrit, tout ce qui fut dit et qui est dit de la cruauté, de l'inutilité, et de l'insanité de la guerre. Ces gens sont précisément appelés éclairés parce qu'ils savent tout cela. La plupart ont écrit eux-mêmes ou parlé sur ce sujet. Sans parler de la Conférence de La Haye qui fut accueillie par l'approbation générale, puis des livres, des brochures, des articles de journaux, des discours où est envisagée la possibilité de résoudre les différends internationaux par un tribunal international, les hommes éclairés ne peuvent ignorer que les armements généraux des États, les uns contre les autres, doivent mener inévitablement ou aux guerres sans fin ou à la banqueroute générale, ou à toutes les deux. Ils ne peuvent pas ne point savoir que, outre la dépense folle, insensée de millions de roubles, c'est-à-dire du travail des hommes, pour la guerre et ses préparatifs, dans la guerre même périssent des milliers d'hommes, les plus énergiques, les plus forts, dans l'âge le meilleur pour le travail productif (Les guerres du siècle dernier ont coûté la vie à 14.000.000 d'hommes). Les hommes éclairés ne peuvent ignorer que les prétextes des guerres sont toujours tels, qu'ils ne valent pas qu'on dépense pour cela une seule vie humaine, ni même un centième des moyens dépensés maintenant pour la guerre (La guerre pour l'émancipation des nègres a coûté beaucoup plus qu'aurait coûté le rachat de tous les nègres du sud). Tous savent et ne peuvent ignorer le principal : que les guerres provoquent en l'homme les passions les plus basses, les plus grossières, le dépravent et l'abrutissent. Tous connaissent la faiblesse des prétextes qu'on invoque en faveur des guerres, tels ceux de Joseph de

Georges Bourdon

Maistre, Moltke et les autres : presque tous sont basés sur le sophisme que dans toute calamité humaine on peut trouver un côté avantageux, ou sur l'affirmation arbitraire qu'il y eut toujours des guerres, et que par conséquent, il y en aura toujours, comme si les actes mauvais des hommes pouvaient se justifier par les avantages et l'utilité qu'ils apportent, ou parce qu'ils furent commis de tout temps. Tous les hommes dits éclairés savent cela. Et tout d'un coup, la guerre éclate. Et tout cela est oublié instantanément, et même les hommes qui, hier encore, prouvaient la cruauté, l'inutilité et la folie des guerres, aujourd'hui n'emploient leurs pensées, leurs paroles et leurs écrits qu'aux moyens de tuer des hommes, de ruiner, d'anéantir la plus grande quantité de travail humain, d'attiser le plus possible les passions et la haine en ces hommes pacifiques, laborieux, qui, par leur travail, nourrissent, vêtent, entretiennent ces mêmes hommes — soi-disant éclairés — qui les forcent de commettre ces actes terribles contraires à leur conscience, au bien et à la religion.

II

Micromégas parla ainsi :

« Ô atomes intelligents, dans qui l'être éternel s'est plu à manifester son adresse et sa puissance, vous devez, sans doute, goûter des joies bien pures sur votre globe ; car, ayant si peu de matière, et paraissant tout esprit, vous devez passer votre vie à aimer et à penser ; c'est la véritable vie des esprits. Je n'ai vu nulle part le vrai bonheur, mais ici il est sans doute. » À ce discours tous les philosophes secouèrent la tête ; et l'un d'eux, plus franc que les autres, avoua de bonne foi que, si l'on en excepte un petit nombre d'habitants fort peu considérés, tout le reste est un assemblage de fous, de méchants et de malheureux. « Nous avons plus de matière qu'il ne nous en faut, dit-il, pour faire beaucoup de mal, si le mal vient de la matière, et trop d'esprit, si le mal vient de l'esprit. Savez-vous bien, par exemple, qu'à l'heure où je vous parle, il y a cent mille fous de notre espèce, couverts de chapeaux, qui tuent cent mille autres animaux couverts d'un turban, ou qui sont massacrés par eux, et que, presque par toute la terre, c'est ainsi qu'on en use de

RESSAISISSEZ-VOUS !

temps immémorial ? » Le Sirien frémit, et demanda quel pouvait être le sujet de ces horribles querelles entre de si chétifs animaux. « Il s'agit, dit le philosophe, de quelque tas de boue grand comme votre talon. Ce n'est pas qu'aucun de ces millions d'hommes qui se font égorger prétende un fétu sur ce tas de boue. Il ne s'agit que de savoir s'il appartiendra à un certain homme qu'on nomme *Sultan*, ou à un autre qu'on nomme, je ne sais pourquoi. César. Ni l'un ni l'autre n'a jamais vu ni ne verra jamais le petit coin de terre dont il s'agît ; et presque aucun de ces animaux, qui s'égorgent mutuellement, n'a jamais vu l'animal pour lequel il s'égorge. »

— Ah ! malheureux ! s'écria le Sirien avec indignation, peut-on concevoir cet excès de rage forcenée ! Il me prend envie de faire trois pas, et d'écraser de trois coups de pied toute cette fourmilière d'assassins ridicules. — Ne vous en donnez pas la peine, lui répondit-on ; ils travaillent assez à leur ruine. Sachez qu'au bout de dix ans, il ne reste jamais la centième partie de ces misérables ; sachez que, quand même ils n'auraient pas tiré l'épée, la faim, la fatigue ou l'intempérance les emportent presque tous. D'ailleurs, ce n'est pas eux qu'il faut punir, ce sont ces barbares sédentaires qui, du fond de leur cabinet, ordonnent, dans le temps de leur digestion, le massacre d'un million d'hommes, et qui en font remercier Dieu solennellement. » (VOLTAIRE, *Micromégas*, 1750, ch. VII.)

La déraison des guerres modernes se nomme intérêt dynastique, nationalité, équilibre européen, honneur. Ce dernier motif est peut-être de tous le plus extravagant, car il n'est pas un peuple au monde qui ne soit souillé de tous les crimes et couvert de toutes les hontes. Il n'en est pas un qui n'ait subi toutes les humiliations que la fortune puisse infliger à une misérable troupe d'hommes. Si toutefois il subsiste encore un honneur dans les peuples, c'est un étrange moyen de le soutenir que de faire la guerre, c'est-à-dire de commettre tous les crimes par lesquels un particulier se déshonore ; incendie, rapines, viol, meurtre... (ANATOLE FRANCE, L'*Orme du Mail*, p. 282-284.)

Le sauvage instinct du meurtre guerrier a de bien profondes racines dans le cerveau humain ; car il a été soigneusement cultivé et

Georges Bourdon

encouragé depuis des milliers d'années. On aime à espérer qu'une humanité meilleure que la nôtre réussira à se corriger de ce vice original ; mais que pensera-t-elle alors de cette civilisation, soi-disant raffinée, dont nous sommes si fiers ? À peu près ce que nous pensons de l'ancien Mexique et de son cannibalisme à la fois pieux, guerrier et bestial. (CH. LETOURNEAU, *L'Évolution politique dans les diverses races humaines*, t. I.)

Parfois un prince en moleste un autre dans la crainte que ce soit cet autre qui lui cherche noise. Parfois l'on engage la guerre parce que l'ennemi est trop fort ; et parfois parce qu'il est trop faible. Parfois nos voisins désirent ce que nous avons, ou possèdent ce dont nous manquons ; alors nous en venons aux mains, jusqu'à ce qu'ils s'emparent de nos biens ou nous abandonnent les leurs. (JONATHAN SWIFT, *Voyages de Gulliver*, IVe partie, ch. V.)

Il s'accomplit quelque chose d'incompréhensible et d'impossible par sa cruauté, son mensonge et son absurdité. L'empereur de Russie, celui même qui convia tous les peuples à la paix, déclare publiquement que, malgré tous ses soins (soins qui s'expriment par l'accaparement de terres étrangères et l'augmentation des troupes pour la défense des terres accaparées), vu l'attaque des Japonais, il ordonne de faire aux Japonais ce que les Japonais ont commencé de faire aux Russes, c'est-à-dire de les tuer. Et, en proclamant cet appel au meurtre, il invoque Dieu et demande sa bénédiction pour le crime le plus effroyable qui soit. Semblable proclamation contre la Russie est lancée par l'empereur du Japon. Les savants jurisconsultes MM. Mouraviev et Martens s'appliquent à prouver que dans l'appel des peuples à la paix générale et la provocation à la guerre pour l'accaparement de terres étrangères, il n'y a aucune contradiction. Et les diplomates publient en langue française raffinée et envoient des circulaires dans lesquelles ils prouvent avec soin et en détail, — bien qu'ils sachent que personne ne les croit, — que le gouvernement ne change d'avis qu'après toutes les tentatives de rétablir des rapports pacifiques (en réalité, tentatives de tromper d'autres peuples), et qu'il se voit obligé de recourir au seul moyen de résoudre raisonnablement la question : c'est-à-dire

RESSAISISSEZ-VOUS !

au meurtre. Et les diplomates japonais, écrivent la même chose. De leur côté, les savants, les historiens, comparant le présent au passé, et en tirant de profondes conclusions, discutent très amplement les lois des mouvements des peuples, les rapports entre les races jaune et blanche, le bouddhisme et le christianisme, et, se basant sur leurs conclusions et considérations, ils justifient le meurtre des hommes de race jaune par les chrétiens. De même, les savants et les philosophes japonais justifient le meurtre des hommes de race blanche. Des journalistes, sans cacher leur joie, à l'envi, sans hésiter devant le mensonge même le plus évident et le plus grossier, prouvent de diverses manières que ce sont les Russes qui ont raison, qu'ils sont forts et bons sous tous les rapports, et que tous les Japonais ont tort, sont faibles et mauvais à tous égards, et que ceux qui sont hostiles aux Russes ou peuvent l'être (les Anglais et les Américains) sont également mauvais. Les Japonais et leurs partisans tiennent les mêmes propos envers les Russes.

Sans parler des militaires, qui, par profession, se préparent au meurtre, la foule des gens dits éclairés, qui n'est poussée à cela par rien ni personne : des professeurs, des gens des *zemstvo*, des étudiants, des gentilshommes, des commerçants, expriment les sentiments les plus hostiles, les plus méprisants envers les Japonais, les Anglais, les Américains, pour qui, la veille encore, ils avaient de la sympathie ou de l'indifférence, et, sans nul besoin, témoignent des sentiments les plus plats, les plus serviles envers l'empereur, qui leur est au moins tout à fait indifférent ; ils l'assurent de leur dévouement infini et se disent prêts à sacrifier leur vie pour lui.

Et le malheureux souverain, guide reconnu d'un peuple de cent trente millions, toujours trompé et placé dans la nécessité, de se contredire, les croit, les remercie et bénit pour le meurtre l'armée qu'il appelle la sienne et qui défendra des terres qu'avec moins de droits encore il peut appeler les siennes.

Tous se donnent les uns aux autres vilaines icônes, auxquelles non seulement aucune personne éclairée ne croit, mais que le paysan illettré lui-même commence à mépriser. Tous s'inclinent devant ces icônes, les baisent et prononcent des discours emphatiques et mensongers auxquels personne ne croit. Les riches sacrifient une minime partie de leurs richesses, gagnées immoralement, pour l'œuvre de meurtre, pour la fabrication des engins, et les pauvres,

Georges Bourdon

chez lesquels, chaque année, le gouvernement prend deux milliards de roubles, croient nécessaire de faire la même chose et donnent aussi leur obole. Le gouvernement excite et encourage la foule des oisifs vauriens qui, se promenant dans les rues avec le portrait du tsar, chantent, crient *hourra*, et, sous couleur de patriotisme, causent toutes sortes de désordres. Et dans toute la Russie, du palais impérial au dernier village, les pasteurs de l'Église qui se dit chrétienne, invoquent Dieu, — ce Dieu qui ordonne d'aimer ses ennemis, le Dieu d'amour, — pour aider à l'œuvre diabolique, pour aider au meurtre des hommes. Et des centaines, des milliers d'hommes en uniforme, et avec divers engins de meurtre — la chair à canon — affolés par les prières, les sermons, les appels, les processions, les images, les journaux, avec l'angoisse au cœur, mais une bravoure apparente, quittent parents, femmes, enfants, vont là où, en risquant leur vie, ils commettent l'acte le plus terrible : le meurtre d'hommes qu'ils ne connaissent pas, et qui ne leur ont fait aucun mal. Et derrière eux, suivent des médecins, des sœurs de charité, qui vont là, supposant, on ne sait pourquoi, que chez eux, ils ne peuvent secourir les gens simples et pacifiques qui souffrent, mais qu'ils peuvent secourir seulement ceux qui sont occupés du meurtre.

Quant aux gens qui restent chez eux, ils se réjouissent des nouvelles du meurtre des hommes, et lorsqu'ils apprennent qu'il y a beaucoup de Japonais tués, ils en remercient quelqu'un qu'ils appellent Dieu.

Et tout cela est jugé non seulement comme la manifestation de sentiments élevés, mais ceux qui s'abstiennent de pareilles manifestations, s'ils tâchent de faire comprendre aux autres la vérité, sont regardés comme des traîtres, des transfuges ; ils sont menacés ou injuriés, battus par la foule abrutie des hommes qui, pour défendre leur folie et leur cruauté, n'ont d'autre arme qu'une grossière violence.

III

La guerre forme des hommes qui cessent d'être des citoyens et deviennent des soldats. Leurs habitudes les écartent de la société ;

RESSAISISSEZ-VOUS !

leur sentiment principal, c'est le dévouement à leurs chefs. Dans le camp ils s'habituent au despotisme, à atteindre leurs buts par la violence et à se jouer des droits et du bonheur de leur prochain.

Leurs principaux plaisirs sont les aventures bruyantes, les dangers.

Les travaux pacifiques leur répugnent.

La guerre produit la guerre et la continue sans fin. Le peuple vainqueur, enivré des succès, aspire à de nouvelles victoires ; le peuple vaincu, agacé par la défaite, se hâte de rétablir son honneur et ses pertes.

Les peuples, excités les uns contre les autres par les injures réciproques, se souhaitent mutuellement l'humiliation, la ruine. Ils se réjouissent quand les calamités, la faim, la misère, la défaite frappent le pays ennemi.

L'assassinat de milliers d'hommes, au lieu de compassion, provoque chez eux une joie enthousiaste : les villes sont illuminées et tout le pays est en fête.

Ainsi s'endurcit le cœur de l'homme et s'éveillent ses pires passions. L'homme renonce au sentiment de la sympathie et à l'humanité. (CHANNING.)

Arrivé à l'âge du service militaire, il faut se soumettre à des ordres non motivés d'un cuistre ou d'un ignorant : il faut admettre que ce qu'il y a de plus noble et de plus grand est de renoncer à avoir une volonté pour se faire l'instrument passif de la volonté d'un autre ; de sabrer et de se faire sabrer, de souffrir la faim, la soif, la pluie, le froid, de se faire mutiler sans jamais savoir pourquoi, sans autre compensation qu'un verre d'eau-de-vie le jour de la bataille ; la promesse d'une chose impalpable et fictive que donne ou refuse avec sa plume un gazetier dans sa chambre bien chaude, la gloire et l'immortalité après la mort. Advient un coup de fusil, l'homme indépendant tombe blessé ; ses camarades l'achèvent presque en marchant dessus ; on l'enterre à moitié vivant, et alors il est libre de jouir de l'immortalité ; ses camarades, ses parents, l'oublient ; celui pour lequel il a donné son bonheur, ses souffrances, sa vie, ne l'a jamais connu.

Georges Bourdon

Et enfin, quelques années après, on vient chercher ses os blanchis, on en fait du noir d'ivoire et du cirage anglais pour cirer les bottes de son général. (ALPHONSE KARR, *Sous les tilleuls.*)

Ils vous prennent un homme dans la force de la jeunesse, ils lui mettent un fusil entre les mains, un sac sur le dos, ils le marquent à la tête d'une cocarde, puis ils lui disent : Mon confrère de Prusse a des torts envers moi, tu vas courir sus à tous ses sujets. Je les ai fait prévenir par mon huissier, que j'appelle un héraut, que le 1er avril prochain, tu auras l'honneur de te présenter sur la frontière pour les égorger et qu'ils aient à se tenir prêts à te bien recevoir. Entre monarques ce sont des égards qu'on se doit. Tu croiras peut-être, au premier aspect, que nos ennemis sont des hommes ; mais ce ne sont pas des hommes, je t'en préviens, ce sont des Prussiens ; tu les distingueras de la race humaine à la couleur de leur uniforme. Tâche de bien faire ton devoir, car je serai là assis sur mon trône qui te regarderai. Si tu remportes la victoire, quand vous reviendrez en France, on vous amènera sous les fenêtres de mon palais ; je descendrai en grand uniforme et vous dirai : Soldats, je suis content de vous. Si vous êtes cent mille hommes, tu auras pour ta part un cent millième de ces six paroles. Au cas où tu resterais sur le champ de bataille, ce qui pourrait fort bien arriver, j'enverrai ton extrait mortuaire à ta famille afin qu'elle puisse te pleurer et que tes frères puissent hériter de toi. Si tu perds un bras ou une jambe, je te les paierai ce qu'ils valent, mais si tu as le bonheur ou le malheur, comme tu voudras, d'échapper au boulet, quand tu n'auras plus la force de porter ton sac, je te donnerai ton congé et tu iras crever où tu voudras, cela ne me regardera plus. (CLAUDE TILLIER, *Mon oncle Benjamin.*)

... Mais j'appris la discipline, à savoir que le caporal a toujours raison lorsqu'il parle au soldat, le sergent lorsqu'il parle au caporal, le sous-lieutenant au sergent-major, ainsi de suite jusqu'au maréchal de France ; — quand ils diraient que deux et deux font cinq ou que la lune brille en plein midi.

Cela entre difficilement dans la tête, mais quelque chose vous aidera beaucoup, c'est une espèce de pancarte affichée dans les

RESSAISISSEZ-VOUS !

chambrées et qu'on lit de temps en temps, pour vous ouvrir les idées. Cette pancarte suppose tout ce qu'un soldat peut avoir envie de faire, par exemple de retourner dans son village, de refuser le service, de résister à son chef, et cela finit toujours par la mort ou cinq ans de boulet au moins. (ERCKMANN-CHATRIAN, *Histoire d'un conscrit de 1813*, p. 119-120.) ... Pourquoi le nègre se vend-il ? ou pourquoi se laisse-t-il vendre ? Je l'ai acheté, il m'appartient ; quel tort lui fais-je ? Il travaille comme un cheval, je le nourris mal, je l'habille de même, il est battu quand il désobéit ; y a-t-il là de quoi tant s'étonner ? Traitons-nous mieux nos soldats ? N'ont-ils pas perdu absolument leur liberté comme ce nègre ? La seule différence entre le nègre et le guerrier, c'est que le guerrier coûte bien moins. Un beau nègre revient à présent à cinq cents écus au moins, et un beau soldat en coûte à peine cinquante. Ni l'un ni l'autre ne peut quitter le lieu où il est confiné ; l'un et l'autre sont battus pour la moindre faute. Le salaire est à peu près le même ; et le nègre a sur le soldat l'avantage de ne point risquer sa vie, et de la passer avec sa négresse et ses négrillons. {*Questions sur l'Encyclopédie*, par des amateurs, t. IV, 1775. Extrait de l'article sur « l'Esclavage », p. 192-193.)

On dirait que n'existèrent jamais ni Voltaire ni Montaigne, ni Pascal, ni Swift, ni Spinoza, ni tant d'autres écrivains qui dénoncèrent avec une très grande force l'insanité, l'inutilité de la guerre, et dépeignirent sa cruauté, son immoralité, sa sauvagerie, et, principalement, que n'existèrent jamais Christ et son enseignement sur la fraternité des hommes, et l'amour envers Dieu et envers les hommes.

On se rappelle tout cela, on regarde autour de soi ce qui se passe maintenant, et on éprouve de l'horreur, non plus devant les atrocités de la guerre, mais devant le plus terrible de tout : devant la conscience de l'impuissance de la raison humaine.

Ainsi, ce qui distingue uniquement l'homme de l'animal, ce qui fait sa particularité, — la raison, — est donc quelque chose d'inutile, non pas même inutile, c'est quelque chose de nuisible qui rend plus difficile toute activité, comme la bride qui se détachant de la tête du cheval s'emmêle dans ses pieds et ne fait que l'agacer.

Georges Bourdon

On comprend qu'un païen, un Grec, un Romain, même un chrétien du moyen-âge, qui ne connaissait pas l'Évangile et croyait aveuglément à toutes les prescriptions de l'Église, pouvaient guerroyer et, ce faisant, s'enorgueillir de leur titre de guerrier. Mais comment un chrétien croyant, ou même incroyant, mais pénétré de l'idéal chrétien de la fraternité des hommes et de l'amour dont sont animées œuvres des philosophes, des moralistes et des artistes de notre temps, comment un tel homme peut-il prendre un fusil, ou se mettre près d'un canon et viser la foule de ses semblables avec le désir d'en tuer le plus possible ?

Les Assyriens, les Romains, les Grecs pouvaient croire qu'en guerroyant ils agissaient non seulement d'accord avec leur conscience, mais commettaient une œuvre pie. Mais que nous le voulions ou non, nous, chrétiens, quelque déformé que soit l'esprit général du christianisme, nous ne pouvons pas ne point nous élever à ce degré supérieur de la raison où il nous est impossible de ne pas sentir par tout notre être, non seulement l'insanité, la cruauté de la guerre, mais qu'elle est tout à fait contradictoire à ce que nous croyons bon et juste. C'est pourquoi nous ne pouvons faire la guerre, non seulement avec assurance, fermeté et calme, mais sans la conscience de notre criminalité, sans le sentiment angoissant de l'assassin qui, après avoir commencé à tuer sa victime, reconnaissant, au fond de son âme, l'atrocité de l'œuvre commencée, tache de s'étourdir, de s'exciter pour être en état de terminer cette œuvre horrible. Cette excitation antinaturelle, fiévreuse, folle, qui saisit les classes oisives, supérieures de la société russe, n'est que l'indice de la conscience de la criminalité de l'œuvre accomplie. Tous ces discours éhontés, mensongers, sur le dévouement au monarque, l'adoration pour lui, le désir de sacrifier sa vie (il faut dire celles des autres et non pas la sienne), toutes ces promesses, ces poitrines qui s'offrent à la défense de la terre, toutes ces stupides bénédictions des divers drapeaux et icônes, toutes ces actions de grâces, tous ces préparatifs de draps et de bandages, tous ces groupes de sœurs de charité, toutes ces quêtes pour la flotte et la Croix-rouge, données à ce gouvernement — dont le devoir immédiat consiste, suivant lui, en ceci : ayant la possibilité de prendre au peuple autant d'argent qu'il lui en faut, avoir la flotte et les moyens nécessaires pour secourir les blessés, dès que la guerre est déclarée, — toutes ces prières en vieux slave, insensées et sacrilèges autant que pompeuses, que les journaux de chaque ville communiquent comme une chose importante, toutes ces manifestations, ces milliers de voix demandant l'hymne national, tous ces mensonges de journaux mauvais sans vergogne, qui n'ont pas peur d'être dénoncés parce qu'ils sont tous les mêmes, tout cet étourdissement, cet abrutissement, dans lequel se trouve maintenant la société russe, et qui se transmet peu à peu aux masses, tout cela n'est que l'indice de la conscience qu'on a de la criminalité de cette œuvre horrible qu'on commet.

Le sens naturel dit aux hommes que ce qu'ils font ne doit pas se faire, mais, comme l'assassin qui ayant commencé à tuer sa victime ne peut s'arrêter, pour les Russes, le fait que l'œuvre est commencée leur semble la preuve évidente du droit de la guerre. La guerre est commencée, c'est pourquoi il la faut continuer ; c'est ainsi que se présente le fait aux hommes les plus simples, ignorants, qui agissent sous l'influence des petites passions et de l'étourdissement auquel ils sont en proie. Les gens instruits raisonnent de la même façon en tâchant de prouver que l'homme n'a pas son libre arbitre, et que même s'il comprend que l'œuvre commencée par lui n'est pas bonne, il ne peut s'arrêter. Et les hommes, étourdis, abrutis, continuent l'œuvre terrible.

IV

C'est merveille de voir à quel point une insignifiante dispute peut, grâce à la diplomatie et aux journaux, se transformer en une guerre sainte. Quand l'Angleterre et la France ont déclaré la guerre à la Russie, en 1856, ça a été pour une raison tellement infime qu'en cherchant dans les archives diplomatiques on arrive à grand'peine à la découvrir... La mort de cinq cent mille braves gens, la dépense de cinq ou six milliards, voilà les conséquences de cet obscur conflit.

Au fond, pourtant, il y avait des motifs. Mais combien peu avouables ! Napoléon III voulait, par l'alliance anglaise et une guerre heureuse, consolider sa dynastie et son pouvoir de criminelle origine. Les Russes prétendaient envahir Constantinople. Les Anglais voulaient assurer le triomphe de leur commerce et em-

Georges Bourdon

pêcher la suprématie de la Russie en Orient. Sous une forme ou sous une autre, c'est toujours l'esprit de conquête ou de violence. (CHARLES RICHET, *Les guerres et la paix*, p. 16.)

Se peut-il rien de plus plaisant qu'un homme ait droit de me tuer parce qu'il demeure au-delà de l'eau et que son prince a querelle avec le mien, quoique je n'en ai aucune avec lui ? (PASCAL, *Pensées*, p. 61.)

Les habitants de la planète terrestre sont encore dans un tel état d'inintelligence, de stupidité, que l'on voit dans les pays les plus civilisés les journaux quotidiens rapporter naïvement sans discussion, comme une chose toute naturelle, les arrangements diplomatiques que les chefs d'État font entre eux, les alliances contre un ennemi supposé, les préparatifs de guerre ; les peuples permettent à leurs chefs de disposer d'eux comme d'un bétail, de les conduire à la boucherie sans paraître se douter que la vie de chaque individu est une propriété personnelle...

Les habitants de cette singulière planète ont été élevés dans l'idée qu'il y a des nations, des frontières, des drapeaux, ils ont un si faible sentiment de l'humanité que ce sentiment s'efface entièrement dans chaque peuple devant celui de la patrie.

Il est bien vrai que si les esprits qui pensent voulaient s'entendre, cette situation changerait, car individuellement nul ne désire la guerre... et puis il y a des engrenages politiques qui font vivre toute une légion de parasites. (FLAMMARION. *Les terres du ciel*, p. 314.)

Quand on étudie à fond et non pas seulement à leur surface les diverses carrières dans lesquelles se déploie l'activité humaine, on ne peut se défendre de cette triste réflexion : Que de vies s'usent à perpétuer sur la terre l'empire du mal, au lieu de travailler à y faire régner celui du bien, et dans quelles plus vastes proportions que toute autre institution celle des armées permanentes ne contribue-t-elle pas à ce désordre !

L'étonnement et le sentiment de la tristesse vont croissant quand on considère que rien de tout cela n'est nécessaire, et que le mal accepté si bénignement par l'immense majorité des hommes leur vient uniquement de leur sottise, se laissant exploiter par un nombre, relativement très petit, d'hommes habilement pervers.

RESSAISISSEZ-VOUS !

(PATRICE LAVIGNE. *De la guerre et des armées permanentes*, chez Calmann-Lévy, p. 297.)

Demandez à un soldat, à un caporal, à un sous-officier qui a abandonné ses vieux parents, sa femme, ses enfants, pourquoi il se prépare à tuer des hommes qu'il ne connaît pas ; d'abord, il s'étonnera de votre question. Il est soldat, il a prêté serment, il exécutera les ordres des chefs. Et si vous lui dites que la guerre, c'est-à-dire l'assassinat des hommes, ne concorde pas avec le commandement : *Tu ne tueras point*, il répondra : « Mais comment faire, si l'on attaque les nôtres ? C'est pour le tsar, pour la religion orthodoxe. » Un, à ma question, m'a répondu : « Mais si l'on attaque les choses sacrées ?

« — Lesquelles ?

« — Le drapeau » ?

Et si vous essayez d'expliquer à un tel soldat que le commandement de Dieu est plus important que le drapeau et même que tout au monde, il se taira, ou se fâchera et vous dénoncera aux autorités.

Demandez à un officier, à un général, pourquoi il va à la guerre, il vous dira qu'il est militaire, et que les militaires sont nécessaires pour la défense de la patrie, et le fait que le meurtre ne concorde pas avec l'esprit de la loi chrétienne ne le gêne nullement, parce que, ou il ne croit pas en cette loi, ou, s'il y croit, ce n'est pas en la loi même, mais en l'explication qu'on donne de cette loi. Et le principal, c'est que lui, comme le soldat, à la place de la question précise : que doit-il faire ? met toujours la question générale du gouvernement et de la patrie : « Maintenant que la patrie est en danger, il faut agir et non raisonner », dira-t-il.

Demandez aux diplomates qui, par leurs mensonges, préparent les guerres, pourquoi ils le font ? Ils vous répondront que le but de leur activité est d'établir la paix parmi les peuples, et que ce but peut être atteint, non par des théories idéales, irréalisables, mais par l'activité diplomatique et la préparation à la guerre. Et de même que le militaire, au lieu de s'en tenir à la question de leur propre vie, ils allégueront la question générale, et les diplomates vous parleront des intérêts de la Russie, de la mauvaise foi des autres pays, de l'équilibre européen, et non de leur vie et de leur activité.

Georges Bourdon

Demandez aux journalistes pourquoi, avec leurs écrits, ils excitent les hommes à la guerre, ils vous répondront que les guerres, en général, sont nécessaires, et surtout la guerre actuelle ; et ils appuieront leurs opinions de phrases vagues, patriotiques, et de même que les militaires et les diplomates, lorsqu'on leur demande pourquoi eux, des journalistes, des hommes vivants, agissent de telle façon, ils vous parlent des intérêts généraux des peuples, de l'État, de la civilisation, de la race blanche.

De la même façon expliquent leur participation à la guerre ceux qui la préparent. Peut-être sont-ils d'accord qu'il serait désirable d'abolir la guerre, mais que, maintenant, c'est impossible, et que, pour le moment, eux, des Russes, qui occupent une certaine position : maréchal de la noblesse, membre du zemstvo, médecin, membre de la Croix-Rouge, sont appelés à agir et non à raisonner. « Ce n'est pas le moment de raisonner et de penser à soi, quand il y a une grande œuvre commune », diront-ils.

Et c'est ce que dira l'instigateur apparent de toute l'œuvre, le tsar. Lui aussi, comme le soldat, s'étonnera d'être interrogé sur la nécessité présente de la guerre, Il n'admettra même pas la pensée qu'on puisse interrompre la guerre. Il dira qu'il ne peut pas ne point exécuter ce qu'exige de lui tout le peuple, qu'il reconnaît que la guerre est un grand fléau, et qu'il est prêt à employer tous les moyens pour la faire disparaître, mais que, dans le cas actuel, il ne pouvait point ne pas la déclarer, et qu'il ne peut pas l'arrêter. C'est nécessaire pour le bien et pour la grandeur de la Russie !

Tous ces gens, à la question : « Pourquoi un tel, Ivan, Pierre, Nicolas, qui reconnaît l'obligation de la loi chrétienne qui interdit le meurtre du prochain et qui même exige qu'on l'aime, qu'on le serve, pourquoi se permet-il de participer à la guerre, c'est-à-dire à la violence, au pillage et au meurtre ? », tous répondent toujours qu'ils agissent ainsi au nom de la patrie et de la religion, ou du serment, ou de l'honneur, ou de la civilisation ou du bien futur de toute l'humanité, en général, au nom de quelque chose d'abstrait, d'indéfini. En outre, tous ces hommes sont toujours si occupés des préparatifs de la guerre, ou des dispositions à prendre ou des discussions à propos de la guerre qu'à tout autre moment ils ne pensent qu'à se reposer de leurs travaux, et n'ont pas le temps de s'occuper de raisonner sur leur propre vie, en trouvant d'ailleurs

RESSAISISSEZ-VOUS !

ces raisonnements stériles.

V

La pensée recule devant une catastrophe qui apparaît au haut du ciel comme le terme du progrès de notre ère, et il faut s'y habituer pourtant ; depuis vingt ans toutes les forces du savoir s'épuisent à inventer des engins de destruction, et bientôt quelques coups de canon suffiront pour abattre une armée ; on a mis sous les armes, non plus comme autrefois, des milliers de pauvres diables dont on payait le sang, mais des peuples entiers qui vont s'entr'égorger…, pour les préparer au massacre, on attise leur haine en les persuadant qu'ils sont haïs ; et des hommes doux se laissent prendre au jeu, et l'on va voir se jeter l'une sur l'autre, avec des férocités de bêtes fauves, des troupes furieuses de paisibles citoyens, auxquels un ordre inepte mettra le fusil à la main. Dieu sait pour quel ridicule incident de frontières ou pour quels mercantiles intérêts coloniaux ! Ils marcheront comme des moutons à la tuerie — mais sachant où ils vont, sachant qu'ils quittent leurs femmes, sachant que leurs enfants auront faim, anxieux et grisés pourtant par les mots sonores et menteurs claironnés à leurs oreilles ; ils marcheront sans révolte, passifs et résignés, alors qu'ils sont la masse et la force, et qu'ils pourraient, s'ils savaient s'entendre, établir le bon sens et la fraternité à la place des roueries sauvages de la diplomatie.

Ils marcheront, piétinant les récoltes qu'ils ont semées, brûlant des villes qu'ils ont construites, avec des chants d'enthousiasme, des cris de joie, des musiques de fête. (E. ROD, *le Sens de la vie*, p. 208, 312.)

Mais auparavant le témoin oculaire était monté sur le pont du *Varyag*. Le spectacle était épouvantable. Jamais aucun des assistants n'avait vu une pareille boucherie. Partout du sang, des débris de chair, des troncs sans tête, une odeur de sang à donner des nausées aux plus aguerris. Le kiosque de combat avait extrêmement souffert. Un obus avait éclaté sur son sommet, tuant un jeune officier qui, le télémètre à la main, donnait des instructions pour le pointage. Du malheureux, il ne restait qu'une main cris-

Georges Bourdon

pée sur l'instrument. Des quatre hommes qui se trouvaient avec le commandant, deux furent mis en morceaux, deux autres grièvement blessés. Quant au commandant, il en était quitte avec un éclat d'obus reçu près de la tempe.

Je n'ai pas tout dit. Le récit du témoin oculaire continue : « Les neutres ne peuvent garder à leur bord les blessés. Il faut les débarquer, car la gangrène et la fièvre menacent d'infecter le navire. »

La gangrène et la pourriture d'hôpital, cela fait aussi partie de la gloire militaire, avec la famine, l'incendie, la ruine, la maladie et les soldats qui tombent épuisés sur la route, le typhus, la petite vérole et le reste.

Il importe d'être complet et de ne rien oublier. Vous êtes peut-être curieux de savoir ce qu'il était advenu du second navire russe, le *Koreïets*. Comme les efforts de l'artillerie japonaise s'étaient concentrés sur le *Varyag*, il n'avait pas été touché, bien qu'il ne fût qu'à deux cents mètres de l'autre. Il rentra au port sans avarie, et son commandant, l'équipage ayant été débarqué, le fit sauter.

Et maintenant rien n'empêche de célébrer les bienfaits de la guerre. Joseph de Maistre, qui fut une haute et solennelle andouille, s'y est employé avec succès. Écoutez-le : « Lorsque l'âme humaine a perdu son ressort par la mollesse, l'incrédulité et les vices gangreneux qui suivent l'excès de la civilisation, elle ne peut être retrempée que dans le sang. »

Oui, chéri.

M. de Vogüé, un académicien comme M. Brunetière, a dit la même chose ou à peu près. On peut tout prouver, quand on a du temps à perdre. soutenir cette thèse que le bien sort de l'excès du mal est un agréable exercice à l'usage des philosophes obtus. Pangloss s'y livrait avec conviction. Mais les pauvres diables dont on fait la chair à canon conservent tout de même le droit d'être d'un avis contraire. Malheureusement, ils n'ont pas le courage de leur opinion. De là vient tout le mal. Ayant pris depuis longtemps l'habitude de se laisser massacrer pour des questions auxquelles ils ne comprennent rien, ils continuent, persuadés que les choses sont bien ainsi. C'est pourquoi il y a, en ce moment, là-bas, des cadavres dont les crabes sont en train, sous les flots, de dévorer les membres mutilés.

RESSAISISSEZ-VOUS !

Je ne sais pas, lorsque la mitraille brisait, renversait tout autour d'eux, s'ils étaient contents de savoir que c'était pour leur bien et afin de, retremper l'âme de leurs contemporains, qui a perdu son ressort par l'excès de la civilisation. Les malheureux n'avaient sans doute pas lu Joseph de Maistre. Je recommande aux blessés de le lire, entre deux pansements. Le chapitre consacré à « la destruction violente de l'espèce humaine » leur découvrira des horizons.

Ils apprendront que la guerre est nécessaire, comme le bourreau, parce qu'elle est, comme lui, l'émanation de la justice de Dieu. Et cette forte pensée leur sera une consolation quand la scie du chirurgien leur entamera les os. (H. HARDUIN.)

J'ai lu dans les *Rousskia Viedomosti* que l'avantage de la Russie est en cela qu'elle a chez elle un matériel humain inépuisable.

Pour les enfants à qui l'on tuera le père, la femme à qui l'on tuera le mari, la mère à qui l'on tuera le fils, ce matériel s'épuise vite. (*Lettre d'une mère russe*, mars 1904.)

Toujours elle a faussé le développement historique de l'humanité, violé le droit, enrayé le progrès.

Sans doute, certaines guerres ont été suivies de résultats avantageux à la civilisation générale ; mais les conséquences nuisibles de ces mêmes guerres l'ont toujours emporté de beaucoup sur ces résultats bienfaisants. Ce qui fait qu'on s'y trompe encore, c'est qu'une partie seulement de ces conséquences nuisibles est immédiatement apparente : les autres, qui sont souvent de beaucoup les plus graves, sont indirectes, et ont donc échappé pendant longtemps à l'intelligence humaine…

Si nous concédons aux défenseurs de la guerre ce simple petit mot « encore », nous les autorisons à dire que la discussion entre eux et nous est une simple affaire d'opportunité, d'appréciation personnelle ; car cette discussion se réduit alors à ceci, que nous croyons la guerre « devenue inutile », alors qu'ils la jugent « encore utile ». Dans ces conditions ils nous accorderont volontiers qu'elle pourra devenir inutile, ou même nuisible… demain, le temps d'infliger aux peuples quelques formidables saignées pour satisfaire leurs ambitions personnelles. Car telle a été de tout temps, et telle

Georges Bourdon

est encore l'unique fonction de la guerre : procurer à un nombre d'hommes le pouvoir, les honneurs, les richesses, aux dépens de la masse, dont ces hommes exploitent la crédulité naturelle, exploitent les préjugés créés et entretenus par eux-mêmes. (Capitaine GASTON MOCH. *L'Ère sans violence. Révision du traité de Francfort*, p. 318, 320.)

Les hommes de notre monde chrétien et de notre temps sont semblables à un homme qui a perdu la bonne route : plus il avance, plus il se convainc qu'il ne marche pas où il faut ; et plus il doute de la sûreté de la voie, plus rapidement et follement il y court, se consolant par la pensée qu'il arrivera quelque part. Mais, à un certain moment, il lui devient évident que la route qu'il suit ne le mènera nulle part, sauf à un abîme qu'il aperçoit déjà devant lui.

Dans une situation analogue se trouve maintenant l'humanité chrétienne de notre temps. Il est donc tout à fait évident que si nous continuons de vivre comme maintenant, les individus et les États se guidant par le bien de soi-même et de la patrie, si, comme maintenant, nous tâchons de garantir ces biens par la violence, alors les moyens de violence d'un individu contre l'autre, d'un État contre un autre, augmenteront : 1° Nous nous ruinerons de plus en plus en employant pour l'armement la plus grande partie de notre production, et, 2° En tuant dans les guerres les meilleurs hommes, au point de vue physique, nous dégénérerons de plus en plus, et nous nous abaisserons moralement. Si nous ne changeons pas notre vie, cela arrivera, c'est malheureusement sûr, aussi sûr que des lignes non parallèles doivent se rencontrer. Mais c'est peu que ce soit théoriquement sûr ; de notre temps, cela devient sûr, non par la raison seule, mais par le sentiment. L'abîme sur lequel nous marchons nous est déjà nuisible, et les hommes les plus simples, ignorants, qui ne philosophent pas, ne peuvent pas ne pas voir qu'en s'armant de plus en plus l^s uns contre les autres, en se détruisant les uns et les autres par les guerres, comme des araignées dans un pot de verre, nous ne pouvons arriver à autre chose qu'à la destruction mutuelle.

Un homme franc, sérieux, raisonnable, ne peut plus se consoler à la pensée que les choses peuvent se réparer, comme on le pensait autrefois, par la monarchie universelle de Rome, de Charlemagne, de Napoléon, par le pouvoir spirituel des papes, au moyen-âge, ou par la Sainte-Alliance, ou par l'équilibre politique du concert européen, ou par les tribunaux d'arbitrage international, ou, comme le pèsent quelques-uns, par l'augmentation des forces militaires et les engins destructeurs nouvellement inventés.

Il est impossible d'établir la monarchie universelle ou une République avec les États européens, parce que les divers peuples ne voudront jamais s'unir en un seul État. Instituer un tribunal international pour résoudre les différends internationaux ! Mais qui forcera à se soumettre à la décision de ce tribunal un plaignant qui a sous les armes des millions de soldats ? Le désarmement ? Personne ne veut ni ne peut le commencer. Inventer des moyens de destruction encore plus terribles : des ballons avec des bombes, des gaz asphyxiants, des obus que les hommes lanceront sur les autres ? Quoi qu'on invente, tous les États se muniront des mêmes armes de destruction, et, de même que la chair à canon, après les armes blanches, est allée sous les balles, après les balles sous les grenades, sous les bombes, sous les canons à tir rapide, sous la mitraille, sous la mine, elle ira également sous les bombes lancées des ballons et remplies de gaz asphyxiants.

Rien ne prouve plus évidemment que les discours de M. Mouraviev et du professeur Martens que la guerre japonaise ne contredit pas la Conférence de La Haye, rien ne prouve mieux que ces discours jusqu'à quel degré, en notre monde, est déformée l'œuvre de la transmission de la pensée : la parole, et jusqu'à quel point nous avons perdu la capacité du raisonnement clair, intelligent. On emploie la pensée et la parole, non pour servir de guide à l'activité humaine, mais pour justifier toute activité criminelle. La dernière guerre des Boers et la guerre actuelle avec les Japonais, qui, à chaque moment, peut se transformer en carnage général, l'ont prouvé indiscutablement. Tous les raisonnements antimilitaristes n'aideront pas plus à la disparition de la guerre que le raisonnement le plus éloquent, le plus persuasif adressé à des chiens qui se battent pour les convaincre qu'il est plus avantageux pour eux de se partager le morceau de viande, objet de la bataille, que de perdre le morceau que prendra en passant un chien quelconque, sans prendre part au combat.

Georges Bourdon

Nous courons à l'abîme, nous ne pouvons-nous arrêter et y tombons.

Chaque homme raisonnable qui réfléchit à la situation dans laquelle se trouve maintenant l'humanité, et à celle vers laquelle elle marche inévitablement, doit voir que cette situation est sans issue, qu'on ne peut inventer aucune institution, aucun établissement qui nous sauvera de la perte à laquelle nous courons inévitablement.

Sans même parler du danger économique insoluble, et qui se complique de plus en plus, les rapports mutuels des États qui s'arment les uns contre les autres, et sont prêts, à chaque moment, à déclarer la guerre, ces rapports montrent nettement la perte inévitable à laquelle est entraînée toute l'humanité dite civilisée.

Alors, que faut-il faire ?

VI

Il faut le dire à la gloire de l'humanité, le dix-neuvième siècle tend à entrer dans une voie nouvelle : il a compris qu'il doit exister aussi des lois et des tribunaux pour les peuples et que les crimes de nation à nation, pour être exécutés sur une échelle plus grande, ne sont pas moins haïssables que les crimes d'individu à individu. (QUÉTELET.)

Tous les hommes ont la même origine, tous doivent être soumis à la même loi et tous sont destinés au même but. C'est pourquoi vous devez avoir une seule religion, un seul but de vos actes, un seul drapeau sous lequel vous devez combattre.

Les actes, les larmes et le martyre, c'est le langage commun à toute l'humanité et que tous comprennent. (MAZZINI.)

Non, j'en atteste les soulèvements de conscience de tout homme qui a vu couler ou fait couler le sang de ses concitoyens, ce n'est pas assez d'une seule tête pour porter un poids aussi lourd que celui de tant de meurtres ; ce ne serait pas trop d'autant de têtes qu'il y a de combattants. Pour être responsables de la loi de sang qu'elles exécutent, il serait juste qu'elles l'eussent au moins bien comprise. Mais les institutions meilleures, réclamées ici, ne seront elles-mêmes

RESSAISISSEZ-VOUS !

que très passagères ; car, encore une fois, les armées et la guerre n'auront qu'un temps ; car, malgré les paroles d'un sophiste que j'ai combattu ailleurs, il n'est point vrai que même contre l'étranger la guerre soit *divine* ; il n'est point vrai que la *terre soit avide de sang*, La guerre est maudite de Dieu et des hommes mêmes qui la font et qui ont d'elle une secrète horreur, et la terre ne crie au ciel que pour lui demander l'eau fraîche de ses fleurs et la rosée pure de ses nuées. (ALFRED DE VIGNY. *Grandeurs et servitudes militaires.*)

L'homme n'est pas plus fait pour contraindre que pour obéir. À ces deux habitudes inverses les races se gâtent, inversement. Ici, l'hébétement, là, l'insolence ; de véritable dignité d'humaine, nulle part. (CONSIDÉRANT. *Les Quatre Crédits.*)

Si mes soldats commençaient à penser, aucun d'eux ne resterait dans les rangs. (FRÉDÉRIC II.)

Il y a deux mille ans, Jean-Baptiste, et après lui, Jésus-Christ, disait aux hommes : « Le temps est accompli et le royaume de Dieu approche. Amendez-vous et croyez à l'Évangile. » (Marc, I, 15). « Mais si vous ne vous amendez pas, vous périrez tous aussi bien qu'eux. » (Luc, XIII, 5.)

Mais les hommes ne lui obéirent point, et la perte qu'il a prédite est proche ; et nous, les hommes d'aujourd'hui, ne pouvons-nous ne point le voir ? Nous périssons déjà, et c'est pourquoi nous ne pouvons boucher nos oreilles à ce moyen de salut, vieux par le temps, mais nouveau pour nous. Nous ne pouvons point ne pas voir qu'outre tous les malheurs qui découlent de notre vie mauvaise, déraisonnable, rien que les préparatifs de guerre et les guerres inévitables qui les suivent doivent fatalement noua perdre. Nous ne pouvons point ne pas voir que tous les moyens proposés pour se débarrasser de ces maux inventés par les hommes sont et doivent être inefficaces, et que la misère des peuples qui s'arment les uns contre les autres ne peut pas ne pas croître. C'est pourquoi les paroles du Christ, plus que jamais, se rapportent à nous et à notre temps.

Christ a dit : « Amendez-vous », c'est-à-dire que chacun s'arrête dans son activité commencée et se demande : Qui suis-je ? D'où viens-je, quelle est ma destination ? Et, après avoir répondu à ces questions, suivant la réponse, que chacun décide si ses actes sont d'accord avec sa destination. Il faut seulement que chaque homme de notre monde et de notre temps — c'est-à-dire l(homme qui connaît l'essence de la doctrine chrétienne — s'arrête pour un moment dans son activité, oublie ce que les autres le croient être : empereur, soldat, ministre et journaliste, et se demande sérieusement ce qu'il est, en quoi est sa destination, et il mettra en doute l'utilité, la légalité et la raison de son activité. Chaque homme de notre temps, et du monde chrétien, doit se dire : « Avant d'être empereur, soldat, ministre, journaliste, je suis homme, c'est-à-dire un être borné, envoyé par la Volonté supérieure dans un monde infini, dans le temps et l'espace, pour y rester un moment puis mourir, c'est-à-dire disparaître. C'est pourquoi le but personnel, social et même humain, que je puis me donner, ou ceux que les hommes peuvent me proposer, vu la brièveté de ma vie et l'éternité de la Vie de l'univers, sont minimes et doivent être subordonnés à ce but supérieur pour l'atteinte duquel je suis, envoyé en ce monde. Ce but final, par cela que je suis borné, m'est inaccessible, mais il existe (comme doit exister le but de tout ce qui est) et mon rôle est d'être son instrument, c'est-à-dire que ma destination est d'être l'ouvrier de Dieu dans l'accomplissement de son œuvre. »

Et après avoir compris ainsi sa destination, chaque homme de notre monade et de notre temps, depuis l'empereur jusqu'au soldat, ne peut envisager autrement les devoirs que lui-même ou les hommes lui ont imposés.

L'empereur doit se dire : « Avant qu'on m'ait couronné, avant qu'on m'ait reconnu empereur, avant que je me sois engagé à remplir mes devoirs de chef d'État, par le fait même que je vis, je devais remplir ce que voulait de moi cette Volonté supérieure qui m'a envoyé dans le monde. Ces exigences, non seulement je les connais, mais je les sens dans mon cœur. Elles consistent, comme il est exprimé dans la loi chrétienne que je professe, à me soumettre à la Volonté de Dieu et à remplir ce qu'il veut de moi : aimer mon prochain, le servir, agir envers lui comme je veux qu'il agisse envers moi.

« En dirigeant des hommes, ordonnant des violences, des supplices, et, chose plus terrible, des guerres, est-ce que je fais ce qu'il faut ? Les hommes me disent que je dois agir ainsi, et Dieu dit que je dois faire toute autre chose. C'est pourquoi on a beau me dire que moi, chef d'État, je dois exiger la violence, la perception des impôts, les supplices, et surtout les guerres, c'est-à-dire le meurtre de mon prochain, je ne veux ni ne peux le faire. »

Et c'est aussi ce que doit dire un soldat, à qui l'on inspire qu'il doit tuer des hommes, le ministre qui croit de son devoir de préparer la guerre, et le journaliste qui excite à la guerre, et chaque homme qui se demande ce qu'il est, et quelle est sa destination. Et aussitôt que le chef d'État, cessera de diriger la guerre, le soldat cessera de guerroyer, le ministre de préparer les moyens de guerre, les journalistes d'y provoquer ; alors, sans aucune nouvelle institution, adaptation, équilibre, ni tribunaux, se détruira d'elle-même cette situation sans issue, dans laquelle se placent les hommes, non seulement envers la guerre, mais envers toutes les calamités qu'ils s'imposent eux-mêmes.

De sorte que, si étrange que cela paraisse, la délivrance la plus sûre, la plus évidente de toutes les calamités qu'ils s'imposent, et de la plus horrible, la guerre, est atteinte, non par des mesures générales extérieures, mais par ce simple appel à la conscience de chaque individu que dix-neuf cents ans auparavant Christ a proposé : que chaque homme se ressaisisse et se demande qui il est, pourquoi il vit, ce qu'il doit faire et ne pas faire ?

VII

Il existe l'opinion très répandue que la religion n'est pas un élément constant de la nature humaine. Plusieurs nous disent qu'il n'est qu'une des phases de la pensée et des sentiments propres aux hommes dans la période primitive et relativement non civilisée de la vie des hommes, que c'est quelque chose d'où l'homme grandit peu à peu et qu'il doit laisser, derrière lui. Nous pouvons envisager avec calme cette question, parce que, si la religion n'est qu'une superstition, évidemment nous devons nous en dégager, et si la religion est propre à la vie humaine supérieure et meilleure, alors l'étude chrétienne de cette question doit nous le montrer. Si, sur chaque pièce de monnaie, vous trouvez une effigie et si cette effigie est toujours la même, vous devez être indiscutablement convaincu que l'outil qui a marqué cette effigie sur chaque monnaie est quelque chose de réellement existant.

Partout où vous trouvez dans la nature humaine ou dans la nature d'un être quelconque une propriété commune et toujours caractéristique, vous pouvez être absolument convaincu que dans le monde il y a quelque chose qui correspond à ce qui a provoqué cette propriété. Partout et toujours, vous trouvez que l'homme est un être religieux. Partout, Vous le trouvez croyant qu'un monde inconnu l'entoure. De quelque théorie que vous envisagiez le monde, le monde nous a faits ce que nous sommes, et si le monde n'est pas une tromperie, alors ce qui correspond à ce monde en nous, est aussi une réalité, parce que c'est le monde réel qui a provoqué en nous ces propriétés. (SAUVAGE.)

L'homme peut se considérer comme un animal parmi les animaux qui vivent au jour le jour ; il peut se considérer aussi comme membre de la famille, de la société, du peuple qui vit durant des siècles ; il peut, et même il doit absolument (parce que la raison y entraîne fatalement) se considérer comme partie du monde infini qui vit dans le temps infini. C'est pourquoi l'homme raisonnable établit toujours, outre son rapport envers les phénomènes les plus proches de la vie, son rapport envers tout le monde infini dans le temps et l'espace, par conséquent incompréhensible pour lui, en le regardant comme une seule unité.

Et cet établissement du rapport de l'homme envers cet incompréhensible dont il se sent partie et duquel il tire le guide de ses actes, c'est ce qu'on appelle la Religion. C'est pourquoi la religion fut toujours et ne peut cesser d'être une nécessité, la condition absolue de la vie de l'homme raisonnable et de l'humanité qui pense.

La vraie religion, c'est le rapport établi par l'homme envers la vie infinie qui l'entoure, qui lie sa vie avec cet infini et qui guide ses actes. (L. TOLSTOÏ.)

La religion (au point de vue objectif), c'est la reconnaissance de tous nos devoirs pour commandements de Dieu. Il n'y a qu'une seule vraie religion, bien que beaucoup de croyances diverses puissent exister. (KANT.)

Le mal dont souffrent les hommes de notre temps provient de
ce que la majorité est dépourvue de ce qui seul donne le guide
raisonnable à l'activité humaine ; la religion ; non cette religion
qui consiste en la foi aux dogmes, l'accomplissement de ce qui
procure une distraction agréable, consolante, excitante, mais cette
religion qui établit les rapports de l'homme envers tout, envers
Dieu, et qui, par cela, donne la direction supérieure générale de
toute l'activité humaine, sans laquelle les hommes se ravalent au
rang des animaux et même plus bas qu'eux. Ce mal qui conduit les
hommes à leur perte inévitable, se manifeste en notre temps, avec
une force particulière, parce que les hommes de notre temps, après
avoir perdu le guide raisonnable de la vie et employé tous leurs
efforts aux découvertes et aux perfectionnements dans le domaine
des sciences appliquées, se sont créé une énorme puissance sur les
forces de la nature, et n'ayant pas de guide pour appliquer raisonnablement ce pouvoir, naturellement l'ont employé à la satisfaction
de leurs besoins les plus bas, les plus grossiers.

Et les hommes privés de religion qui possèdent une énorme
puissance sur les forces de la nature sont semblables aux enfants
auxquels on donnerait pour jouet de la nitro-glycérine. Si nous regardons la puissance dont jouissent les hommes de notre temps et
leur façon de l'employer, nous sentons que, par le degré de développement moral, les hommes n'ont le droit ni de jouir des chemins de
fer, de la vapeur, de l'électricité, du téléphone, de la photographie,
du télégraphe sans fil, ni même de profiter du simple travail du
fer et de l'acier parce qu'ils n'emploient tous ces avantages qu'à la
satisfaction de leurs amusements, à la débauche, à la destruction
mutuelles.

Que faut-il donc faire ? Rejeter tous les progrès de la science, toute
la puissance acquise par l'humanité ? Oublier tout ce qu'on a appris ? C'est impossible. Quelque mauvais emploi qu'on fasse de ces
acquisitions de l'intelligence, ce sont cependant des acquisitions et
les hommes ne les peuvent oublier. Changer les unions des peuples
qui se sont formées par les siècles et en établir de nouvelles ; inventer telle institution nouvelle qui empêche la minorité de tromper et

d'exploiter la majorité ? Répandre la science ? Tout cela a été essayé et fait avec un grand zèle. Tous ces soi-disant moyens d'amélioration sont la cause principale de l'oubli de soi-même, de la diversion de soi, de la conscience, de la perte inévitable.

Les frontières des États changent, les institutions changent, les sciences se répandent, mais les hommes, sur d'autres frontières, avec d'autres constitutions, avec une science accrue, restent les mêmes brutes prêtes à chaque moment à s'entre-déchirer, ou les mêmes esclaves qu'ils étaient et seront tant qu'ils se guideront non par la conscience religieuse et la raison, mais par les passions et les influences étrangères.

L'homme n'a pas de choix ; il doit être l'esclave d'un autre esclave plus éhonté et plus méchant ou l'esclave de Dieu, parce que l'homme n'a qu'un seul moyen d'être libre : c'est d'unir sa volonté à celle de Dieu. Les hommes privés de religion — ceux qui nient la religion elle-même, ceux qui reconnaissent pour religion ces formes extérieures grotesques qui l'ont remplacée — et qui ne se guident que par leurs passions, par la peur, par les lois humaines et principalement par l'hypnotisme mutuel, ne peuvent cesser d'être des brutes ou des esclaves et aucun effort extérieur ne peut les tirer de cet état, parce que c'est la religion seule qui fait l'homme libre.

Et la majorité ides hommes de notre temps en est privée.

VIII

Ne fais pas ce que ta conscience condamne et ne dis pas ce qui n'est pas conforme à la vérité. Observe ce précepte le plus important et tu as résolu tout le problème de ta vie.

Personne ne peut violer la volonté : il n'y a pour elle ni brigand ni voleur. Ne désire pas des choses invraisemblables. Souhaite le bien général et non, comme la plupart des hommes, le bien personnel. Le but de la vie n'est pas d'être du côté de la majorité, mais de ne pas tomber au rang des fous…

Souviens-toi qu'il y a Dieu qui ne désire ni louanges ni gloire humaine de la part des hommes faits à son image, mais il désire que les hommes, se guidant par la raison qui leur est donnée, lui ressemblent par leurs actes. Le figuier remplit sa destination, le chien, l'abeille aussi. Et l'homme ! Est-ce qu'il ne remplit pas sa destination ? Mais, hélas ! ces grandes vérités saintes disparaissent de ta mémoire : l'agitation de la vie quotidienne, la guerre, la peur irraisonnable, la faiblesse de l'esprit et l'habitude d'être esclave les étouffent ! Le rameau coupé à son nœud par cela même est séparé de tout l'arbre ; l'homme qui se querelle avec un autre homme s'arrache de toute l'humanité. Mais la branche est coupée par une main étrangère, tandis que l'homme s'éloigne de son prochain par sa propre haine et sa colère, ignorant, il est vrai, que par cela même il s'arrache de toute l'humanité. Mais la divinité qui a appelé les hommes comme des frères à la vie commune, leur a donné la faculté, après la querelle, de se réconcilier de nouveau. (MARC-AURÉLE.)

Il faut dégager la religion qui a pris pour objet Jésus. Et quand on aura mis le doigt sur l'état de conscience qui est la cellule primitive, le principe de l'Évangile éternel, il faudra s'y tenir. Comme les pauvres lampions d'une fête de village ou les cierges misérables d'une procession s'éteignent devant la grande merveille du soleil, les petits miracles locaux, chétifs et douteux, s'éteindront devant la loi du monde des esprits, devant le spectacle incomparable de l'histoire humaine conduite par le tout-puissant dramaturge que l'on appelle Dieu. (AMIEL, *Fragments d'un journal intime*, p. 44.)

J'affirme que la proposition suivante n'a besoin d'aucune preuve : tout ce que l'homme croit faire pour plaire à Dieu, sauf la vie bonne, n'est qu'erreur religieuse et superstition. (KANT.)

En réalité n'y a qu'un seul moyen d'adorer Dieu, c'est de remplir ses devoirs et de se conduire conformément aux lois de la raison. (LICHTENBERGER.)

« Mais pour que ce mal dont nous souffrons disparaisse — diront les hommes entraînés par diverses activités humaines — il faudrait non pas que quelques hommes, mais que tous les hommes se ravisassent, et, cela fait, qu'ils comprissent tous également que la destinée de leur vie n'est que dans l'accomplissement de la volonté de Dieu et l'amour du prochain. »

Est-ce possible ?

Non seulement c'est possible, dis-je, mais il est impossible que ce ne soit pas.

Il est impossible que les hommes ne se ressaisissent pas, c'est-à-dire que chaque homme ne se demande pas qui il est, pourquoi il vit, parce que l'homme, en tant qu'être raisonnable, ne peut pas vivre sans savoir pourquoi il vit. Et toujours il s'est posé cette question et toujours, suivant le développement de son intelligence, il y a répondu dans sa doctrine religieuse. Or, en notre temps, la contradiction intérieure dans laquelle se trouvent les hommes provoque cette question avec une persistance particulière et exige une réponse. Et les hommes de notre temps ne peuvent répondre autrement à cette question qu'en reconnaissant la loi de la vie dans l'amour pour les hommes et leur service, parce que c'est pour notre temps la seule réponse raisonnable sur le sens de la vie humaine, et cette réponse est exprimée, mille neuf cents ans auparavant, dans la religion du Christ, et la plus grande partie de l'humanité la reconnaît.

Cette réponse vit cachée dans la conscience de tous les hommes chrétiens de notre temps. Mais elle ne s'exprime pas ouvertement et ne guide pas notre vie, parce que, d'un côté, les hommes qui jouissent de la plus grande autorité, ceux qu'on appelle savants, ayant cette croyance erronée que la religion est un degré provisoire du développement de l'humanité, déjà dépassé, et que les hommes peuvent vivre sans religion, inspirent cette erreur aux hommes du peuple qui commencent à s'instruire ; d'un autre côté, parce que les hommes qui ont le pouvoir, consciemment et souvent inconsciemment (étant eux-mêmes dans l'erreur que la religion de l'Église est la religion chrétienne) tâchent de soutenir et de provoquer dans le peuple les superstitions les plus grossières qu'ils donnent comme religion chrétienne.

Que ces deux tromperies se détruisent, et cette vraie religion, qui vit cachée en chacun des hommes de notre temps, se montrera et deviendra obligatoire.

Pour que cela se réalise, il faut que, d'un côté, les savants comprennent que la fraternité universelle et le précepte de faire aux autres ce que nous voudrions qu'on nous fît ne sont pas de ces raisonnements fortuits de l'homme qui peuvent être soumis à d'autres considérations quelconques, mais que c'est une proposition indiscutable, supérieure à toute autre considération, qui découle du rapport immuable de l'homme envers l'infini, envers Dieu, que c'est la religion, toute la religion, et c'est pourquoi toujours obligatoire.

D'autre part, que les hommes qui, consciemment ou inconsciemment, sous l'aspect du christianisme, proposent de grossières superstitions, comprennent que tous les dogmes, mystères, rites qu'ils soutiennent et propagent, non seulement ne sont pas indifférents comme ils le pensent, mais sont nuisibles au plus haut degré, parce qu'ils cachent aux hommes cette seule vérité religieuse qui est exprimée dans l'accomplissement de la volonté de Dieu, dans la fraternité des hommes, l'amour du prochain et que le précepte : agis envers les autres comme tu voudrais qu'on agît envers toi, n'est pas une des prescriptions de la religion chrétienne, mais toute la religion pratique, comme il est dit dans l'Évangile.

Pour que les hommes de notre temps se posent de la même manière la question sur le sens de la vie et y répondent de même, il suffit que les hommes qui se jugent éclairés cessent de penser et d'inspirer aux générations que la religion est un atavisme, un vestige de l'état sauvage passé, et que, par la bonne vie des hommes, on peut se borner à répandre l'instruction, c'est-à-dire les sciences les plus diverses qui, par une voie quelconque, conduiront les hommes à l'équité et à la vie morale ; mais il faut aussi qu'ils comprennent que, pour la bonne vie, la religion est nécessaire, que cette religion existe déjà et vit dans le cœur des hommes de notre temps. Et que ceux qui, consciemment ou non, étourdissent le peuple par les superstitions ecclésiastiques cessent de le faire et comprennent que dans le christianisme, ce qui est important et obligatoire, c'est non le baptême, la communion, les dogmes, etc., mais l'amour de Dieu et du prochain, l'accomplissement du précepte : agis envers les autres comme tu voudrais qu'on agît envers toi, et qu'en cela est toute la loi et les prophètes.

Qu'ils comprennent cela, les faux chrétiens, comme les hommes de science, qu'ils enseignent aux enfants et aux ignorants ces vérités simples, claires et nécessaires, comme ils enseignent main-

Georges Bourdon

tenant leurs propositions compliquées, embrouillées et inutiles, alors tous les hommes comprendront de la même façon le sens de la vie et reconnaîtront les mêmes devoirs qui en découlent.

IX

Le 15 octobre 1895, j'ai été appelé pour faire mon service. Quand vint mon tour de tirer au sort, je refusai de le faire. Les fonctionnaires me regardèrent, puis causèrent entre eux et me demandèrent pourquoi je ne voulais pas tirer. Je répondis parce que je ne prêterai pas serment ni ne prendrai un fusil. Ils me dirent qu'on verrait cela après, qu'en attendant je devais tirer au sort. Je refusai de nouveau. Alors on ordonna au starosta de notre village de tirer pour moi. Le starosta tira le n° 674. On m'inscrivit. Entra la chef du recrutement. Il me fit appeler dans le bureau et me demanda : « Qui t'a enseigné tout cela et pourquoi ne veux-tu pas prêter serment ? » Je répondis que je l'avais appris moi-même en lisant l'Évangile. Il me dit : — Je ne crois pas que tu aies pu comprendre l'Évangile tout seul, là-bas, tout est incompréhensible ; pour le comprendre, il faut avoir beaucoup étudié. À cela je dis que le Christ n'a pas enseigné de choses savantes, puisque les hommes les plus simples, même illettrés, comprenaient bien sa doctrine. Alors il ordonna à un soldat de me conduire dans un détachement. Avec le soldat je suis allé dans la cuisine et nous avons dîné là. Après le dîner, on s'est mis à me demander pourquoi je n'avais pas prêté serment. Je dis : « Parce qu'il y a dans l'Évangile : « Ne jurez point ». Ils s'étonnèrent, puis me demandèrent : « Mais, est-ce bien dans l'Évangile ? Eh bien, trouve-le. »

Je le trouvai et lus : ils écoutaient.

« — Bien que ce soit vrai, cependant on ne peut pas refuser de jurer, parce qu'on nous tourmenterait. »

À cela j'ai dit : « Celui qui perd sa vie terrestre héritera de la vie éternelle… »

Le 20, on m'a placé dans les rangs avec les autres jeunes soldats, et on nous a expliqué la règle du service. Je leur ai dit que je ne ferai point cela. Ils m'ont demandé pourquoi ? J'ai dit : « Parce que je suis chrétien et ne porterai pas les armes et ne me défendrai pas contre

RESSAISISSEZ-VOUS !

l'ennemi, parce que Christ a ordonné d'aimer même ses ennemis. » Ils ont dit : « Mais est-ce que toi seul tu es chrétien ? Nous tous sommes chrétiens. »

J'ai dit : « Je ne sais rien des autres ; mais je sais pour moi-même que Christ a dit de faire ce que je fais. »

Le chef a dit : « Si tu ne travailles pas, je te ferai pourrir en prison. » À cela j'ai dit : « Faites de moi ce que vous voudrez, je ne servirai pas… »

Aujourd'hui, une commission m'a examiné. Un général a dit aux officiers : « Quelle conviction invoque ce blanc-bec pour refuser de servir ? Des millions servent et lui seul refuse. Il faut le bien fouetter et il changera ses convictions. » (*Lettre d'un paysan réfractaire.*)

On expédia Olkovik à l'Amour. Sur le bateau, tous firent leurs dévotions, lui s'y refusa. Les soldats lui demandèrent pourquoi. Il le leur expliqua. À la conversation prit part un soldat, Cyril Séreda. Il ouvrit l'Évangile et se mit à lire le chapitre V de Mathieu. Après avoir lu, il dit : « Voilà, Christ défend le serment, les tribunaux, la guerre, et chez nous il y a tout cela et on le regarde comme une bonne chose. » Les soldats qui l'entouraient remarquèrent que Séreda n'avait pas de croix au cou. On lui demanda : « Où est ta croix ? » Il dit : « Dans mon coffre. » Ils demandèrent de nouveau : « Pourquoi ne la portes-tu pas à ton cou ? » Il répondit : « Parce que j'aime Christ, c'est pourquoi je ne puis porter l'instrument de son supplice. » Ensuite deux caporaux entrèrent et se mirent à parler à Séreda. Ils lui demandèrent : « Pourquoi, récemment, as-tu fait tes dévotions et maintenant tu ne portes plus la croix ? »

Il répondit : « Parce qu'alors j'étais ignorant, je ne voyais pas la lumière, et maintenant j'ai commencé à lire l'Évangile et j'ai appris qu'un chrétien ne doit pas faire tout cela. »

Ils demandèrent de nouveau : « Alors tu ne serviras pas, comme Olkovik ? » Il répondit : « Non. » Ils lui demandèrent pourquoi. Il leur dit : « Parce que je suis chrétien, et les chrétiens ne doivent pas s'armer contre les hommes. »

Séreda a été arrêté et, avec Olkovik, déporté dans la province de Iakoutsk où tous les deux se trouvent encore maintenant !

Georges Bourdon

Le 27 janvier 1894, à l'hôpital de la prison de Voronèje, mourut de pneumonie un certain Drojjine, ancien instituteur d'un village de la province de Koursk. Son corps fut jeté dans la fosse commune de la prison avec ceux des criminels. Et cependant c'était l'un des hommes les plus saints, les plus purs, les plus justes qui aient existé.

Au mois d'août 1891, il était appelé au service militaire. Mais considérant que tous les hommes étaient ses frères et que le meurtre et la violence sont le plus grand péché, contraire à sa conscience et à la volonté de Dieu, il refusa de servir et de prendre les armes. Reconnaissant également comme péché d'abdiquer sa volonté au profit du pouvoir d'hommes pouvant exiger de lui des actes mauvais, il refusa de prêter serment. Les hommes dont la vie est basée sur la violence et le meurtre d'abord l'enfermèrent dans une cellule à Kharkov et ensuite l'envoyèrent dans le bataillon de discipline de Voronèje, où, pendant quinze mois, il souffrit la faim, le froid, la réclusion. Enfin, quand, à la suite des souffrances ininterrompues et des privations, il devint phtisique, il fut déclaré impropre au service et l'on décida de le faire passer dans la prison civile où il devait subir encore neuf mois dé réclusion. Mais, pendant le transfert du bataillon dans la prison, — il gelait très fort et les gardiens, par négligence, ne lui donnèrent pas d'habits chauds — ils attendirent longtemps dans la rue, devant la porte, et Drojjine fut atteint d'une pneumonie. Vingt-deux jours après, il était mort.

La veille de sa mort, Drojjine dit au docteur : « Bien que je n'aie pas vécu longtemps, je meurs avec la conscience d'avoir agi suivant mes convictions. Sans doute les autres en peuvent mieux juger. Peut-être... Non, je crois que j'ai raison », dit-il affirmativement. (Extrait du livre : *La vie et la mort de Drojjine*.)

Revêtez-vous de toutes les armes de Dieu, afin que vous puissiez résister aux embûches du diable.

Car ce n'est pas contre la chair et le sang que nous avons à combattre, mais c'est contre les principautés, contre les puissances, contre les princes des ténèbres de ce siècle, contre les esprits malins puissants dans les lieux célestes.

C'est pourquoi, prenez toutes les armes de Dieu afin que vous

RESSAISISSEZ-VOUS !

puissiez résister dans le mauvais jour, et qu'ayant tout surmonté, vous demeuriez fermes.

Soyez donc fermes, ayant la vérité pour ceinture de vos reins, et étant revêtus de la cuirasse de la justice. (SAINT PAUL. *Épître aux Éphésiens*, VI, 11, 12, 13, 14.)

Mais comment agir maintenant, tout de suite, immédiatement ? me dira-t-on. Chez nous, en Russie, maintenant que les ennemis sont déjà sur nous, tuent les nôtres, nous menacent, comment doit agir le soldat russe, l'officier, le général, l'empereur ou un simple individu ? Peut-on laisser les ennemis ruiner nos terres, s'emparer des produits de nos travaux, faire des prisonniers, tuer les nôtres ? Que faire maintenant que c'est commencé ?

Mais avant le commencement de la guerre, et qui que ce soit qui l'ait commencée — doit répondre quiconque se ressaisit — avant tout, c'est ma vie qui est commencée, et l'œuvre de ma vie n'a rien de commun avec la reconnaissance des droits des Chinois, des Japonais ou des Russes sur Port-Arthur. L'œuvre de ma vie c'est de remplir la volonté de Celui qui m'a envoyé en ce monde. Et cette volonté, je la connais. Elle est en ceci : je dois aimer mon prochain et le servir. Pourquoi donc, suivant les exigences temporaires, accidentelles, insensées et cruelles, trahirais-je la loi éternelle et immuable de toute ma vie ? Si Dieu existe, quand je mourrai (ce qui peut arriver à chaque instant) il ne me demandera pas si j'ai défendu Yunan-Po avec ses dépôts de bois ou Port-Arthur, ou même cette organisation qu'on appelle l'État russe et qu'il ne m'a pas confiée. Mais il me demandera ce que j'ai fait de cette vie qu'il m'avait donnée, si je l'ai employée à ce à quoi elle était destinée et pourquoi elle m'était confiée. Il me demandera si j'ai rempli sa loi.

De sorte qu'à la question : Que faut-il faire maintenant que la guerre est commencée ? moi, homme qui comprends ma destination, quelque situation que j'occupe, je ne puis donner d'autre réponse que celle-ci : En n'importe quelle circonstance, que la guerre soit commencée ou non, que des milliers de Japonais et de Russes soient tués ou non, qu'on ait pris non seulement Port-Arthur, mais Pétersbourg et Moscou, je ne puis agir autrement que Dieu l'exige de moi. Et c'est pourquoi je ne puis ni directement, ni indirectement, ni par des ordres, ni par mon aide, ni par l'approbation, ni par l'excitation, participer à la guerre : *je ne le puis pas, ne le veux pas, n'y participerai pas*. Qu'adviendra-t-il immédiatement ou dans un bref délai de ce fait que je cesse de faire ce qui est contraire à la volonté de Dieu, je l'ignore et ne puis le savoir. Mais je crois qu'en accomplissant la volonté de Dieu, il n'en peut advenir que du bien pour moi et pour tous les hommes.

Vous dites avec effroi : que serait-ce si nous, les Russes, cessions la guerre et donnions aux Japonais ce qu'ils veulent de nous ?

Mais s'il est juste que, pour sauver l'humanité de l'abrutissement, de la destruction mutuelle, il n'y a qu'une seule chose : le rétablissement parmi les hommes de la vraie religion qui exige d'aimer et de servir son prochain (sur cela il ne peut y avoir de désaccord), alors chaque guerre, chaque heure de cette guerre et ma participation à cette guerre ne font que rendre plus difficile et plus lointaine la réalisation de ce seul salut possible. De sorte que, même en se plaçant à votre point de vue très douteux — la définition des actes d'après les conséquences qu'on leur suppose — même alors céder aux Japonais tout ce qu'ils désirent des Russes, outre le bien indiscutable de la cessation du pillage et du meurtre, serait s'approcher de l'unique moyen du salut de l'humanité, tandis que la continuation de la guerre, quelle qu'en soit l'issue, serait s'éloigner de ce moyen unique de salut.

Mais s'il en est ainsi, objecte-t-on à cela, alors les guerres ne peuvent cesser que quand tous les hommes ou la plupart d'entre eux refusent d'y participer ? Et le refus d'un seul homme, soldat ou roi, lui fera perdre en vain sa vie, sans utilité pour n'importe qui. Si l'empereur russe refusait maintenant de continuer la guerre, on le détrônerait, on le tuerait peut-être pour se débarrasser de lui. Si un homme ordinaire refusait de servir, on l'enverrait dans un bataillon de discipline, peut-être le fusillerait-on. Pourquoi donc sans aucune utilité perdre sa vie qui peut être utile à ta société ? disent communément les gens qui ne réfléchissent pas à la destination de leur vie, et pour cette raison ne la comprennent pas.

Mais autrement pense et raisonne l'homme qui comprend sa destination, c'est-à-dire un homme religieux. Un tel homme guide son activité non d'après les conséquences imaginaires de ses actes, mais par la considération de la destination de sa vie. Un ouvrier de fabrique va à cette fabrique, y fait le travail qui lui est indiqué sans envisager quels seront les résultats de son travail. De même agit le soldat qui accomplit la volonté de ses chefs. Et ainsi fait l'homme religieux qui accomplit ce que Dieu lui a prescrit, sans discuter ce qui sortira de son travail. C'est pourquoi un homme religieux ne se demande pas si peu de gens ou beaucoup agissent comme lui et ce qui peut lui arriver s'il fait ce qu'il doit faire. Il sait que, sauf la vie et ta mort, rien ne sera, et que l'une et l'autre sont entre les mains de Dieu à qui il obéit. L'homme religieux agit ainsi et pas autrement, non parce qu'il veut agir ainsi ou parce que c'est avantageux pour lui ou pour les autres, mais parce que croyant que sa vie dépend de la volonté de Dieu, il ne peut agir autrement.

C'est en cela que consiste le caractère particulier de l'activité de l'homme religieux. Et c'est pourquoi les hommes ne peuvent échapper à ces calamités qu'ils se créent eux-mêmes que dans la mesure où ils se guident dans cette vie, non par les avantages, non par les raisonnements, mais par la conscience religieuse.

X

Je reconnais en moi la force qui, avec le temps, transforme le monde. Elle ne me pousse pas, ne m'opprime pas, mais je sens que peu à peu, et infailliblement, elle m'entraîne. Et je vois que quelque chose m'attire, comme moi-même inconsciemment attiré les autres.

Je les entraîne et ils m'entraînent, et nous reconnaissons la tendance à une nouvelle union. Touche un aimant et toi-même deviendras aimant, et plus nous reconnaissons notre destination et nos forces, plus sensiblement se forme le nouveau monde. Nous devenons les législateurs de la loi divine en la recevant de Dieu lui-même, et les lois humaines se fanent et se dessèchent devant nous.

Et j'ai demandé à cette force qui est en moi : Qui es-tu ? Elle m'a répondu : Je suis l'amour, le maître du ciel, et veux être l'amour, maître de la terre.

Je suis la plus puissante de toutes les forces célestes et je suis venu pour former l'État futur. (Krosby.)

Georges Bourdon

On peut dire de plein droit que le royaume de Dieu est venu quand, quelque part, s'enracine le principe de la transformation de la religion de l'Église en religion universelle, raisonnable, bien que la réalisation complète de ce royaume soit infiniment éloignée de nous, parce que, dans ce principe, comme dans l'embryon qui se développe et ensuite se multiplie, est contenu déjà tout ce qui doit éclairer le monde et le posséder. Dans la vie de l'univers, les milliers d'années sont comme un jour. Nous devons travailler avec patience à cette réalisation et l'attendre. (Kant.)

Quand je te parle de Dieu, ne pense pas que je te parle d'un objet quelconque en or ou en argent, Dieu dont je te parle, tu le sens en ton âme, tu le portes en toi-même et, avec tes pensées impures et tes actes vilains, tu souilles son image en ton âme. Devant l'idole d'or que tu respectes comme Dieu, tu te gardes de faire quelque acte inconvenant et, devant l'image de ce Dieu qui est en toi, qui voit et entend tout, tu ne rougis même pas quand tu t'abandonnes à tes idées et à tes actes impurs. Si seulement nous nous souvenions toujours que Dieu est en nous et surveille tous nos actes et nos pensées, alors nous cesserions de pécher et Dieu resterait en nous toujours. Souvenons-nous donc toujours de Dieu, pensons à lui, et parlons de lui le plus souvent possible. (Épictète.)

Mais que faut-il faire à l'égard des ennemis qui nous attaquent ? Aimez vos ennemis et vous n'en aurez pas, dit-on dans la Doctrine des Douze Apôtres. Et ce n'est point parole vaine, ainsi qu'il peut sembler aux hommes habitués de penser que la prescription d'aimer ses ennemis n'est qu'une allégorie qu'il ne faut pas prendre à la lettre. Cette réponse est l'indication d'une activité très nette, très définie, et de ses conséquences.

Aimer ses ennemis, les Japonais, les Chinois, ces hommes jaunes envers lesquels les hommes abusés s'efforcent maintenant d'exciter notre haine, cela signifie ne pas les tuer pour avoir le droit de les empoisonner avec l'opium, comme l'ont fait les Anglais, ne pas les tuer pour leur arracher des terres, comme l'ont fait les Français, les Russes, les Allemands, ne pas les enterrer vivants pour les punir d'avoir endommagé une route, ne pas les lier avec leurs tresses, ne pas les noyer dans le fleuve Amour, comme l'ont fait les Russes.

RESSAISISSEZ-VOUS !

« Le disciple n'est pas supérieur au maître… il suffit au disciple d'être comme le maître. » Aimer des hommes jaunes que nous appelons ennemis, cela signifie ne pas leur enseigner sous le nom de christianisme les superstitions ineptes du péché originel, de la rédemption, de la résurrection, etc., ne pas leur apprendre l'art de tromper et de tuer les hommes, mais leur enseigner la justice, le désintéressement, la miséricorde, l'amour et non par les paroles, mais par l'exemple de notre vie bonne. Et que leur avons-nous fait et que leur faisons-nous ?

Si, en effet, nous aimions nos ennemis, si au moins nous commencions, maintenant, à aimer nos ennemis, les Japonais, nous n'aurions pas d'ennemis.

C'est pourquoi, si étrange que cela paraisse aux hommes occupés de plans et préparatifs militaires, de considérations diplomatiques, de mesures administratives, financières, économiques, de projets révolutionnaires et socialistes et de diverses connaissances inutiles, avec lesquels ils pensent délivrer l'humanité de ses calamités, la délivrance des Sommes non seulement des calamités, des guerres, mais de tous les malheurs que les hommes s'infligent à eux-mêmes, se fera non par ces empereurs et rois, qui formeront des alliances de la paix, non par ces hommes qui renverseront les empereurs et les rois ou limiteront leur pouvoir par des constitutions ou remplaceront la monarchie par la république, non par les conférences de la paix, non par la réalisation de projets socialistes, non par les victoires et les défaites sur terre et sur mer, non par les bibliothèques, les universités, non par ces exercices oisifs intellectuels qui s'appellent maintenant les sciences, mais par ce fait qu'il y aura de plus en plus des hommes simples domine les Doukhobors, les Drojjine, les Olkhovik en Russie, les Nazaréens en Autriche, Goutaudier en France, Tervey en Hollande et les autres qui se sont donné pour but, non le changement extérieur de la vie, mais l'accomplissement le plus exact de la volonté de Celui qui les a envoyés en ce monde et qui mettent toutes leurs forces à réaliser cet accomplissement. Seuls, ces hommes, en accomplissant en leur âme le royaume de Dieu, établiront, sans prétendre directement à ce but, ce royaume extérieur de Dieu que désire chaque âme humaine. Le salut viendra par cette voie et par aucune autre. C'est pourquoi ce que font maintenant ceux qui, dirigeant les hommes, leur inspirent

Georges Bourdon

les superstitions religieuses et patriotiques, les excitent à la haine et au meurtre de leurs semblables, ou ceux qui, pour délivrer les hommes de l'asservissement et de l'oppression, les sollicitent aux transformations extérieures violentes, ou ceux qui pensent que l'acquisition de plusieurs sciences, la plupart inutiles, amènera les hommes à la vie bonne, tout cela détourne les hommes de ce qui leur est nécessaire et ne fait que les éloigner de la possibilité du salut.

Le mal dont souffrent les hommes du monde chrétien vient de ce qu'ils sont provisoirement privés de religion. Les uns, convaincus de l'incompatibilité de la religion existante et du degré de développement de l'humanité intellectuelle et scientifique de notre temps, ont décidé qu'il ne faut aucune religion ; ils vivent sans religion et professent l'inutilité de n'importe quelle religion. Les autres, s'en tenant à cette forme dépravée de la religion chrétienne sous laquelle elle est maintenant enseignée, vivent également sans religion en professant des formes vaines, extérieures, qui ne peuvent servir de guide à la vie des hommes. Et cependant la religion qui répond aux exigences de notre temps existe, tous les hommes la connaissent, elle vit cachée dans le cœur des hommes du monde chrétien. C'est pourquoi, pour que cette religion devienne, visible, obligatoire pour tous, il faut seulement que les hommes instruits, les guides des masses, comprennent que la religion est nécessaire aux hommes, que sans religion les hommes ne peuvent vivre de la vie bonne et que ce qu'ils appellent science ne peut remplacer la religion. Et les hommes qui ont le pouvoir et qui soutiennent les formes vieillissantes de la religion ont compris que ce qu'ils soutiennent et propagent comme religion, non seulement n'est pas une religion, mais est l'obstacle principal à ce que les hommes adoptent cette vraie religion qu'ils connaissent déjà et qui seule peut les affranchir de leurs maux. De sorte que le seul moyen sûr du salut des hommes consiste à cesser de faire ce qui empêche les hommes d'adopter la vraie religion qui vit dans leur conscience.

XI

Il est arrivé dans le pays une chose étonnante et qui fait horreur :

RESSAISISSEZ-VOUS !

Les prophètes prophétisent le mensonge, et les sacrificateurs dominent par leur moyen, et mon peuple a pris plaisir à cela. Que ferez-vous donc quand la fin viendra ? (JÉRÉMIE, V, 30, 31.)

Il a aveuglé leurs yeux et a endurci leur cœur, de sorte qu'ils ne voient point des yeux, qu'ils ne comprennent point du cœur, qu'ils ne se convertissent point, et que je ne les guérisse point (JEAN, XII, 40).

L'arme la plus belle est toujours une arme non bénie, c'est pourquoi l'homme raisonnable ne s'y fie pas. Il lient surtout à la tranquillité. Il vainc, mais ne se réjouit pas. Se réjouir de la victoire, c'est se réjouir du meurtre des hommes. Celui qui se réjouit du meurtre des hommes ne peut pas atteindre son but (LAO-TSÉ).

Si un voyageur apercevait dans une île lointaine des hommes dont les maisons seraient entourées d'armes chargées et autour desquelles marcheraient jour et nuit des sentinelles, il ne pourrait ne pas penser que dans cette île ne vivent que des brigands. N'est-ce pas ce qui se passe dans les pays européens ? Combien peu d'influence sur les hommes a donc la religion, ou que nous sommes loin de la vraie religion ! (LICHTENBERGER.)

Je terminais cet article quand est venue la nouvelle de la perte de six cents vies innocentes, en face de Port-Arthur. Il semblerait que les souffrances inutiles et la mort de ces malheureux trompés, perdus en vain, dussent faire réfléchir ceux qui en sont cause. Je ne parle pas de Makarof et des autres officiers ; eux tous savent ce qu'ils font et pourquoi ils le font, et c'est de leur plein gré, pour des avantages, par ambition, déguisée sous le mensonge du patriotisme, mensonge qui n'est pas dénoncé, uniquement parce qu'il est général, qu'ils le font ; je parle de ces malheureux, pris de différents points de la Russie. Arrachés, avec l'aide des tromperies religieuses et la crainte des châtiments, à leur vie honnête, raisonnable, utile, à leurs travaux, à leur famille, ils sont amenés à l'autre bout du monde et placés sur une machine cruelle et inepte de meurtre. Là, ils sont mis en pièces ou noyés, avec cette inepte machine, dans la mer lointaine, sans qu'aucune nécessité ou utilité compense les tourments, les efforts, les souffrances et la mort dont ils ont été victimes.

En 1830, pendant la guerre polonaise, l'aide de camp Vilejinski, envoyé de la part de Khlopitzki à Pétersbourg, dans sa conversation (en français) avec le maréchal Dibitch, à la condition posée par celui-ci de laisser les troupes russes entrer en Pologne, répondit :

— Monsieur le maréchal, je crois que de cette manière il est de toute impossibilité que la nation polonaise accepte ce manifeste...

— Croyez-moi, l'Empereur ne fera pas de concessions.

— Je prévois donc qu'il y aura guerre malheureusement, qu'il y aura bien du sang répandu, bien des malheureuses victimes.

— Ne croyez pas cela ; tout au plus dix mille hommes qui périront des deux côtés, et voilà tout.

« Tis mille hommes et foilà tout », dit Dibitch avec son accent allemand, tout à fait convaincu que lui, avec un autre homme aussi cruel et aussi étranger que lui à la vie russe et polonaise, l'empereur Nicolas, a tout droit de conduire ou non à la mort des dizaines, des centaines de mille Russes et Polonais. En lisant ces lignes, on ne croit pas que cela ait pu se passer. Cela parait insensé et terrible. Et cependant cela fut : 60.000 vies, soixante mille soutiens de famille périrent par la volonté de ces hommes. Maintenant se passe la même chose.

Pour ne pas laisser entrer les Japonais en Mandchourie et les chasser de la Corée, il faudra, selon toutes probabilités, non pas dix, mais cinquante mille hommes et plus. Je ne sais pas si Nicolas II et Kouropatkine ont dit, comme autrefois Dibitch, que pour cela il ne faudra *pas plus de cinquante mille vies russes et c'est tout*, mais ils le pensent et ne peuvent pas ne pas le penser, parce que l'œuvre qu'ils font parle d'elle-même. Ce flot incessant de malheureux paysans russes qu'on emmène par milliers en Extrême-Orient sont ces mêmes *pas plus de cinquante mille* Russes vivants que Nicolas Romanof et Alexis Kouropatkine ont décidé de faire tuer pour soutenir les bêtises, les pillages, les lâchetés de toutes sortes qu'ont faites, en Chine et en Corée, des hommes immoraux et ambitieux qui, maintenant assis tranquillement dans leurs palais, attendent de nouveaux lauriers et de nouveaux profits du meurtre de ces

RESSAISISSEZ-VOUS !

50.000 hommes innocents, de ces malheureux ouvriers russes trompés qui n'acquièrent rien par leurs souffrances et leur mort.

Pour une terre étrangère à laquelle les Russes n'ont aucun droit, qui est prise d'une façon pillarde à ses vrais propriétaires et qui, en réalité, n'est point nécessaire aux Russes, et encore pour les affaires louches de quelques tripoteurs qui voulaient gagner de l'argent en spéculant sur les forêts de la Corée, on dépense maintenant des millions de roubles, c'est-à-dire la plus grande partie du travail de tout le peuple russe, on endette les futures générations de ce peuple, ses meilleurs ouvriers sont arrachés au travail et des dizaines de milliers de ses fils sont conduits impitoyablement à la mort !

Et la perte de ces malheureux commence déjà. C'est peu encore : la guerre est si mal menée par ceux qui l'ont organisée, on y est si mal préparé que, comme le dit un journal, la chance principale du salut de la Russie, c'est qu'elle a « un matériel humain inépuisable ». C'est sur cela que comptent ceux qui envoient à la mort des dizaines de mille Russes.

On dit tout nettement : « Les insuccès de notre flotte doivent être compensés sur terre. » En bon russe, cela signifie que si les chefs ont mal mené les affaires sur mer et ont perdu par leur négligence non seulement des milliers de roubles, du peuple, mais encore des milliers de vies, nous rachèterons cela en conduisant à la mort, sur terre, encore des dizaines de mille hommes !

Les sauterelles traversent les fleuves de la façon suivante : les couches inférieures se noient jusqu'à ce que les cadavres forment un pont sur lequel passent les autres. C'est ce qu'on fait maintenant avec le peuple russe. Et voilà, la couche inférieure commence à se noyer, montrant le chemin à d'autres milliers qui périront tous de la même façon.. Eh quoi ! est-ce que les initiateurs, les ordonnateurs, les provocateurs de cette œuvre horrible commencent à comprendre leur péché ? Nullement. Ils sont tout à fait convaincus qu'ils ont rempli et remplissent leur devoir et ils sont fiers de leur activité.

On parle de la perte du courageux Makarof, qui, on s'accorde à le dire, pouvait le plus habilement tuer des hommes. On regrette la merveilleuse machine de meurtre qui a coulé et a coûté tant et tant de millions de roubles. On se demande quel meurtrier on peut trouver qui soit aussi habile que l'abusé Makarof, On invente de nouveaux engins de meurtre encore plus perfectionnés, et tous les coupables, de cette œuvre horrible, depuis le tsar jusqu'au dernier journaliste, tous d'une même voix appellent de nouvelles folies, de nouvelles cruautés, l'augmentation de l'abrutissement et de la haine de l'humanité.

« Makarof n'était pas seul en Russie, et chaque amiral mis à sa place marchera sur ses traces et continuera le plan et les idées de Makarof qui, honnêtement, est mort en combattant », écrit le *Novoié Vrémia*.

« Prions Dieu pour ceux qui ont sacrifié leur vie pour la sainte patrie sans douter une seconde que notre patrie nous donnera de nouveaux enfants, aussi glorieux, pour la lutte suivante et trouvera un dépôt inépuisable de forces pour la digne fin de l'œuvre », écrivent les *Bulletins de Saint-Pétersbourg*.

« La nation éclairée ne tirera pas d'autre conclusion de la défaite, si extraordinaire qu'elle soit pour elle, que celle-ci : il faut encore élargir et continuer et terminer la lutte. Trouvons donc en nous de nouvelles forces, de nouveaux héros paraîtront », écrit *Rouss*, etc.

Et le meurtre et les crimes de toutes sortes se poursuivent avec encore plus d'acharnement. On s'extasie devant l'esprit martial des volontaires qui, ayant surpris à l'improviste cinquante hommes, les égorgèrent tous, occupèrent le village et tuèrent toute la population, pendirent ou fusillèrent les espions, c'est-à-dire des hommes accusés de cette besogne que nous-mêmes jugeons nécessaire et faisons sans cesse. C'est par des télégrammes solennels qu'on annonce de tels crimes au chef suprême, l'empereur, qui envoie à ses troupes glorieuses des encouragements et sa bénédiction pour tout acte semblable.

N'est-il pas clair que, s'il y a un moyen de salut de cette situation, il est unique ; c'est celui que nous indiqua Christ : « Cherchez le royaume de Dieu et sa Vérité, et le *reste*, c'est-à-dire tous les biens matériels auxquels peut aspirer l'homme, se réalisera de soi-même. »

Telle est la loi de la vie. Le bien matériel n'est pas atteint quand l'homme aspire à ce bien ; pareille aspiration, au contraire, le plus souvent éloigne l'homme de l'atteinte de ce qu'il cherche ; c'est seulement quand l'homme, sans songer au bien matériel, aspire à l'accomplissement le plus complet de ce que devant Dieu, devant le principe et la loi de sa vie, il croit obligatoire, qu'il atteint, incidemment, le bien matériel.

De sorte que le vrai salut des hommes est en ceci : l'accomplissement de la volonté de Dieu par chaque homme isolément, en soi, c'est-à-dire dans cette partie du monde qui seule est en son pouvoir. En cela est la destination principale, unique, de chaque individu, et, en même temps, c'est le seul moyen pour chaque homme à part d'agir sur les autres. C'est pourquoi tous nos efforts doivent tendre à cela, exclusivement à cela.

17/30 avril 1904.

XII

Je venais d'envoyer la dernière page de mon article sur la guerre, quand est arrivée la terrible nouvelle du nouveau crime commis envers le peuple russe par ces hommes légers, enivrés du pouvoir, qui se sont approprié le droit de disposer de lui. De nouveau, vêtus d'habits divers, chamarrés, les serfs grossiers des serfs, les généraux de diverses sortes, par désir de se distinguer ou de jouer un mauvais tour, ou de pouvoir ajouter à leurs vêtements bariolés une étoile ou un ruban, par sottise ou par négligence, ces hommes petits, misérables, de nouveau ont fait périr en d'atroces souffrances quelques milliers de ces ouvriers honnêtes, bons, laborieux qui les nourrissent. Et de nouveau ce crime, non seulement ne fait pas réfléchir ou se repentir les fauteurs de cette œuvre, mais on n'entend et ne lit que des demandes de moyens de mutiler plus vite et de tuer le plus d'hommes possible et de ruiner encore plus de familles russes et japonaises.

Il y a plus. Pour préparer les hommes à un autre crime analogue, les fauteurs de ces crimes non seulement ne reconnaissent pas ce qui est évident aux yeux de tous, que pour les Russes, même à leur point de vue patriotique, militaire, la défaite a été honteuse, mais ils tâchent d'inspirer aux hommes crédules que ces malheureux ouvriers russes, amenés dans le piège comme des bêtes à l'abattoir,

Georges Bourdon

que ces hommes dont on a égorgé et mutilé plusieurs milliers, simplement parce qu'un général n'a pas compris ce qu'a dit un autre général, que ces hommes ont commis un acte héroïque par ce fait que ceux d'entre eux qui n'ont pas pu s'enfuir ont été tués, et que ceux qui se sont enfuis sont restés vivants. Et le fait qu'un de ces hommes horribles, immoraux, cruels, qu'on appelle généraux et amiraux, a noyé plusieurs Japonais pacifiques est également décrit comme un acte héroïque qui doit réjouir les Russes. Et dans tous les journaux, on publie un appel terrible au meurtre !

« Que 2.000 soldats russes tués sur le Yalou, avec le *Revitzan* et les autres navires atteints, avec nos torpilleurs perdus, que tout cela apprenne à nos croiseurs avec quelle fougue ils doivent s'élancer sur les côtes du Japon ! Puisqu'il a envoyé ses soldats verser le sang russe, on ne doit pas lui faire grâce. Maintenant on ne peut faire du sentiment, ce serait un péché : il faut porter des coups terribles dont le souvenir fasse frissonner le cœur perfide des Japonais. C'est le moment pour les croiseurs de sortir en pleine mer pour réduire en cendres les villes du Japon, pour courir comme un fléau le long de ces magnifiques bords. Assez de sentiment ! »

Et l'œuvre affreuse se continue avec les pillages, les violences, le meurtre, l'hypocrisie, le vol et principalement le mensonge le plus terrible : la déformation des doctrines religieuses, tant chrétiennes que bouddhiques.

L'empereur, la personne la plus responsable, continue de passer en revue les troupes, de remercier, récompenser, encourager, publier des décrets sur l'enrôlement des réservistes. Les fidèles sujets, de nouveau et de nouveau, jettent aux pieds du monarque qu'ils appellent l'adoré leurs biens et leurs vies, mais ce n'est qu'en paroles. Eux-mêmes, afin de se surpasser les uns les autres par des actes et non seulement par des mots, arrachent aux familles des pères, des soutiens, et les préparent à l'expédition pour le carnage.

Quant aux journalistes, plus est grave la situation des Russes, plus effrontément ils mentent en transformant les défaites honteuses en victoires, sachant que personne ne les contredira, et ils empochent tranquillement l'argent de l'abonnement et de la vente Plus on dépense l'argent du peuple pour la guerre, plus dilapident les chefs et les hommes d'affaires, qui savent que personne ne les dénoncera

RESSAISISSEZ-VOUS !

et que tout le monde pille. Les militaires élevés pour le meurtre, qui ont passé des dizaines d'années à l'école de la sauvagerie, de la grossièreté, de l'oisiveté, se réjouissent, les malheureux, de ce que, outre l'augmentation de solde, ceux qui sont tués font place à leur avancement. Les pasteurs chrétiens continuent d'appeler les hommes au plus grand crime, ils continuent à commettre le sacrilège d'invoquer l'aide de Dieu pour la guerre, et non seulement ils ne blâment pas, mais ils justifient et glorifient celui de ces pasteurs qui, la croix à la main, encouragea les hommes sur les lieux mêmes du crime.

Et la même chose se passe au Japon. Les Japonais abusés, qui imitent tout ce qu'il y a de mal en Europe avec un zèle accru par leurs victoires, se précipitent au meurtre. Le Mikado fait aussi des revues, distribue des récompenses. Ses généraux se vantent de la même façon, s'imaginant qu'ayant appris à tuer, ils ont acquis de l'instruction. Le malheureux peuple ouvrier arraché au travail utile et à sa famille gémit lui aussi. De même, les journalistes mentent et se réjouissent de l'exagération de la vérité, et probablement aussi (puisque là où le meurtre est une vertu fleurissent les vices) les divers chefs et tripoteurs gagnent de l'argent. Et les théologiens japonais et les maîtres religieux, qui — eux aussi — ne sont pas en retard pour la tromperie religieuse et le sacrilège, déforment la doctrine de Bouddha, et admettent, voire même justifient, le meurtre défendu par Bouddha.

Le savant bouddhiste Soyen Shakru, qui dirige huit cents couvents, explique que Bouddha à défendu le meurtre, mais a dit qu'il ne serait pas tranquille tant que tous les êtres ne seraient pas unis dans le cœur infini, aimant, et qu'ainsi, pour mettre tout dans l'ordre, il est nécessaire de faire la guerre et de tuer des hommes.

Et tout se passe comme si la doctrine chrétienne et la doctrine bouddhiste sur l'unité de l'esprit humain, sur la fraternité des hommes sur l'amour, sur la compassion, sur l'inviolabilité de la vie humaine, n'avaient jamais existé.

Des hommes éclairés de la lumière de la vérité, Japonais et Russes, pires que des bêtes sauvages, se jettent les uns sur les autres avec le seul désir de détruire le plus de vies possible. Des milliers de malheureux gémissent déjà et se convulsent dans de cruelles

Georges Bourdon

souffrances et meurent dans les hôpitaux japonais et russes, en se demandant avec étonnement pourquoi on leur a fait cette terrible chose ? D'autres, par milliers, pourrissent sous la terre et sur la terre, ou se noient dans la mer où ils se ballonnent et se décomposent. Et des dizaines de milliers de femmes, de pères, de mères, d'enfants, pleurent leurs soutiens tués en vain. Mais tout cela est peu : des victimes et encore des victimes se préparent. Le soin principal des chefs du meurtre est, du côté des Russes, que le courant de la chair à canon : 3.000 hommes par jour destinés à la mort, ne s'interrompe pas un moment. Les Japonais ont le même souci. On chasse sans cesse les sauterelles dans le fleuve pour que les derniers rangs passent sur ceux qui sont noyés…

Mais quand tout cela finira-t-il ? Quand, enfin, les hommes trompés se ressaisiront-ils et diront-ils : « Vous, rois, Mikado, ministres, métropolites, prêtres, généraux, journalistes, hommes d'affaires, quelque noms qu'on vous donne, vous, les sans pitié, allez sous les balles et les obus, mais nous, nous n'irons pas ! Laissez-nous tranquilles, laissez-nous labourer, semer. » Ce serait si naturel de dire cela, maintenant que, chez nous, en Russie, des centaines de mille mères, femmes et enfants à qui on a pris leurs soutiens, les réservistes comme on les appelle, dont la plupart savent lire, connaissent ce que c'est que l'Extrême-Orient, savent qu'on fait la guerre, non pour une œuvre nécessaire aux Russes, mais pour une terre étrangère sur laquelle il était avantageux à quelques hommes d'affaires de construire des chemins de fer et d'ériger leurs fortunes. Ils savent ou peuvent savoir aussi qu'on les tuera comme des moutons à l'abattoir parce que les Japonais ont des engins de meurtre plus perfectionnés que nous n'avons pas, puisque les autorités russes qui le envoient à la mort n'ont pas eu la prévoyance de se procurer à temps les armes qu'ont les Japonais. Ce serait donc si naturel, sachant tout cela, de dire : « Vous qui avez suscité cette affaire, vous tous pour qui la guerre est nécessaire et qui la justifiez, allez vousmêmes sous les balles et les mines japonaises ; nous autres nous nuirons pas, parce que non seulement nous n'avons pas besoin de cela, mais nous ne comprenons pas à qui c'est nécessaire. »

Mais ils ne le disent pas. Ils partent et partiront, ils ne peuvent ne pas le faire, tant qu'ils auront peur de ce qui tue le corps et non de ce qui tue le corps et l'âme. « Serai-je tué, mutilé à ce Yunan-Po

RESSAISISSEZ-VOUS !

où l'on m'envoie, raisonnent-ils, je l'ignore ; peut-être en sortirai-je indemne, avec des décorations, la gloire, comme ces marins qu'on fête maintenant dans toute la Russie, parce que les balles japonaises ne sont pas tombées sur eux, mais sur d'autres. Et si je refuse, alors sûrement on me mettra en prison, on me déportera dans la province de Iakoutzk, et peut-être même me tuera-t-on immédiatement. » Et, le désespoir dans l'âme, ils partent, abandonnant la vie bonne, raisonnable, leurs femmes et leurs enfants.

Hier, j'ai rencontré un réserviste accompagné de sa mère et de sa femme. Tous les trois étaient en charrette. Lui était légèrement gris, le visage de la femme était gonflé de larmes. Il s'adressa à moi.

— Adieu, Léon Nicolaïévitch, je pars en Extrême-Orient.

— Quoi ? Est-ce que tu vas te battre ?

— Il faut bien que quelqu'un se batte.

— Personne ne doit se battre.

Il réfléchit un moment.

— Mais que faire ? *Où aller ?*

J'ai vu qu'il m'avait compris. Il avait compris que l'œuvre pour laquelle on l'envoie est mauvaise. *Où aller ?* voilà l'expression exacte de l'état d'âme qui se traduit dans le monde officiel et celui des journalistes par les mots : « Pour la religion, pour le tsar et pour la patrie ! »

Ceux qui abandonnent la famille affamée et vont à la souffrance et à la mort disent ce qu'ils sentent : « Où aller ? » et ceux qui restent en sécurité dans leurs palais luxueux disent que tous les Russes sont prêts à sacrifier leur vie pour le monarque adoré, pour la gloire et la grandeur de la Russie !

Hier, d'un paysan que je connais, j'ai reçu successivement deux lettres. Voici la première :

« Cher Léon Nicolaïévitch. Eh bien, voilà ! Aujourd'hui, j'ai reçu l'avis de l'appel au service ; demain, je dois me présenter à la chancellerie. Voilà tout et après je pars en Extrême-Orient sous les balles japonaises. De ma douleur et celle de ma famille, je ne vous dis rien ; ce n'est pas vous qui ne comprenez pas l'horreur de ma situation et les terreurs de la guerre. De tout cela vous, vous souffrez depuis déjà longtemps et vous comprenez tout. Combien, tout ce temps, j'ai désiré vous voir et causer, avec vous ! Je vous ai écrit une longue lettre dans laquelle je vous exposais les souffrances de mon âme, mais je n'avais pas eu le temps de la recopier quand j'ai reçu cet avis. Que feront maintenant ma femme et ses quatre enfants ? Sans doute, vous-même êtes âgé et vous ne pouvez-vous intéresser au sort de ma famille, mais vous pourriez demander à quelqu'un de vos amis, en se promenant, de visiter ma famille orpheline. Je vous demande de tout cœur, si ma femme ne supporte pas les souffrances de son abandon avec les enfants et se décide à aller chez vous pour chercher l'aide et le conseil, de la recevoir et de la consoler. Bien qu'elle ne vous connaisse pas personnellement, elle croit en votre parole et c'est beaucoup ; je n'ai pas pu ne pas répondre à l'appel, mais je vous dis d'avance que par ma faute pas une famille japonaise ne sera orpheline. Oh Dieu ! comme tout cela est affreux, cruel et pénible d'abandonner tout ce qui fait sa vie, tout ce qui intéresse ! »

Voici la seconde lettre :

« Cher Léon Nicolaïévitch, un seul jour de service actif est passé, et j'ai déjà vécu une éternité de souffrances les plus terribles. Depuis huit heures du matin jusqu'à neuf heures du soir on nous a remisés et tenus dans la cour de la caserne, comme un troupeau. Trois fois s'est répétée la comédie de l'inspection du corps, et tous ceux qui se sont portés malades n'ont pu obtenir dix minutes d'attention et ont été marqués « bons ». Quand nous tous, les « bons », deux mille hommes, avons été conduits de la chancellerie aux casernes, dans la rue, sur une longueur d'une verste, il y avait une foule de parents, de mères, de femmes avec des enfants sur les bras, et si vous aviez vu et entendu comment elles s'accrochaient à leurs pères, à leurs maris, à leurs fils, et se traînaient à leur cou en sanglotant désespérément ! Moi, en général, je me domine, je retiens mes sentiments, mais c'était plus fort que moi ; j'ai pleuré aussi... » [*Dans le langage des journaux, cela s'exprime ainsi : « L'élan du patriotisme est inouï...*] « Avec quoi mesurer cette douleur immense qui va se répandre sur un tiers du monde entier ? Et nous, nous sommes maintenant de la chair à canon, que bientôt on donnera en sacrifice au Dieu de la vengeance et de l'horreur ! »

Cet homme ne croit pas encore suffisamment qu'il est moins terrible de perdre le corps que de perdre le corps et l'âme, c'est pourquoi il ne peut refuser de servir. Mais en quittant sa famille, il promet d'avance que par lui, pas une seule famille japonaise ne sera orpheline. Il croit à la loi divine principale, la loi de toutes les religions : « Agis envers les antres comme tu voudrais qu'on agît envers toi. » Et en notre temps, non seulement dans le monde chrétien, mais aussi dans le monde bouddhiste, mahométan, brahmiste, etc., il y a des milliers, des milliers de pareils hommes.

Il y a de vrais héros — pas ceux qu'on honore maintenant, parce que, voulant tuer les autres, ils n'ont pas été tués eux-mêmes — mais de vrais héros qui sont maintenant dans les régions de Iakoutzk, parce qu'ils ont refusé d'entrer dans les rangs des assassins et ont préféré le martyre à l'abandon de la loi du Christ.

Il y en a, tel celui qui m'écrit, qui partiront, mais ne tueront pas. Mais même cette majorité qui part sans réfléchir, pour ne pas penser à ce qu'elle fait, ces hommes, dans le fond de leur âme, sentent, dès maintenant, qu'ils font un acte mauvais en obéissant aux autorités qui les arrachent au travail, à la famille, et les envoient au meurtre inutile, contraire à leur âme et à leur religion. Mais ils partent, parce qu'ils sont tellement liés de tous côtés, qu'ils ne savent *où aller*.

Et ceux qui restent non seulement le sentent, mais le savent et l'expriment. Hier, j'ai rencontré sur la grand'route des paysans qui revenaient de Toula. L'un deux, qui marchait près du chariot, lisait une petite feuille. Je lui ai demandé : « Est-ce un télégramme ? » Il s'arrêta : « C'est un télégramme d'hier, mais j'ai aussi celui d'aujourd'hui. »

Il le tira de sa poche, nous nous arrêtâmes, je le lus.

— Qu'est-ce qui s'est passé hier à la gare ? commença-t-il. C'est horrible ! Des femmes, des enfants, plus de mille. Elles hurlaient. On entourait le train, on ne laissait pas partir. Même les étrangers, en voyant cela, pleuraient. Une femme de Toula a crié : « Ah ! » et elle est tombée morte. Elle laisse cinq enfants. On les a distribués dans des asiles, et tout de même on a emmené le père. Et qu'avons-

Georges Bourdon

nous besoin de la Mandchourie ? Nous en avons assez de noire terre. Et combien de gens on a tué, combien d'argent dépensé !... »

Oui, maintenant, les idées des hommes sur la guerre sont bien différentes de ce qu'elles étaient autrefois, même récemment, en 1877. Jamais il ne s'est passé ce qui se passe maintenant. Les journaux écrivent qu'à la venue du tsar, qui parcourt maintenant la Russie pour hypnotiser les hommes envoyés au meurtre, le peuple manifeste un enthousiasme indescriptible. Mais, en réalité, il se fait tout autre chose. De tous côtés, on entend dire que là, trois réservistes se sont pendus ; ailleurs, c'est deux. Une femme, dont le mari a été appelé, a apporté ses enfants à la chancellerie, et les a abandonnés là. Une autre s'est pendue dans la maison du chef de recrutement. Tous sont mécontents, sombres, excités. Les mots : « Pour la religion, pour le tsar, pour la patrie », les hymnes et les cris « hourra ! » n'agissent plus sur les hommes comme autrefois. Une autre guerre, celle de la conscience de l'injustice et du péché de l'œuvre à laquelle sont appelés les hommes, entraîne de plus en plus les peuples.

Oui, la grande lutte de notre temps n'est pas celle qui se passe maintenant entre les Russes et les Japonais, ni celle qui peut éclater entre les races blanche et jaune, ce n'est pas la lutte qu'on mène avec des mines, des bombes, des balles, c'est la lutte spirituelle qui se passe sans cesse et se passe maintenant, entre la conscience éclairée de l'humanité, prête à se manifester, et les ténèbres et l'oppression, qui l'entourent et l'écrasent.

Christ, même de son temps, souffrait de l'attente et disait : « Je suis venu mettre le feu sur la terre, et qu'ai-je à désirer, s'il est déjà allumé ? » (Luc, XII, 49.)

Ce que Christ désirait se réalise. Le feu s'allume, n'y mettons pas obstacle, mais facilitons-le.

30 avril/13 mai 1904.

Je ne terminerais jamais mon article, si je continuais d'y introduire tout ce qui vient confirmer mon idée principale. Hier, j'ai reçu la nouvelle que des cuirassés japonais ont été coulés, et, dans ce qu'on appelle les hautes sphères de la société russe, noble, riche, intelligente, sans aucun remords de conscience, on se réjouit de la perte de milliers de vies humaines. Aujourd'hui, j'ai reçu d'un matelot, d'un homme qui est à l'échelon le plus inférieur de la société, la lettre suivante :

« Lettre du matelot (suivent les nom et prénoms).

« Bien estimé Léon Nicolaiévitch, je vous salue bas et vous envoie avec amour le respect et le salut. Bien estimé Léon Nicolaiévitch, j'ai lu vos œuvres, elles m'ont fait plaisir, et j'aimais beaucoup les lire. Puisque chez nous, maintenant, il y a la guerre, alors, écrivez-moi, je vous prie, s'il plaît à Dieu ou non que les autorités nous forcent de tuer ? Je vous prie, Léon Nicolaiévitch, écrivez-moi, s'il vous plaît, s'il existe maintenant au monde la vérité ou non ? Chez nous, à l'église, on fait des prières, et le prêtre mentionne l'armée aimée du Christ. Est-ce vrai ou non, que Dieu aime la guerre ? Je vous prie de m'écrire, Léon Nicolaiévitch, si vous n'avez pas de livres où je pourrais voir s'il y a au monde la vérité ou non. Envoyez-moi ces livres, je paierai ce que cela coûtera. Je vous prie de ne pas refuser ma demande ; s'il n'y a pas de livres pareils, envoyez-moi une lettre, je serai très content. J'attends avec impatience une lettre de vous. Et maintenant, au revoir. Je suis vivant et sain, et vous désire la même chose, de la part du Dieu Seigneur, et je vous désire une bonne santé et bien du succès dans vos entreprises. »

Suit l'adresse : Port-Arthur, le nom du bâtiment sur lequel sert le matelot, ses nom et prénoms.

Je ne puis répondre par des mots à cet homme bon, sérieux, et vraiment éclairé. Il est à Port-Arthur avec qui il n'y a plus de communications ni par poste, ni par télégraphe. Mais cependant nous avons ensemble un moyen de communication : ce moyen, c'est Dieu auquel nous croyons tous deux, et nous savons tous deux que la guerre lui déplaît. Le doute qui est né dans son âme est déjà la solution de la question. Et ce doute est né et vit actuellement dans les âmes de milliers et de milliers d'hommes, non seulement Russes et Japonais, mais de tous ces hommes malheureux qui sont forcés par la violence de participer à l'œuvre la plus contraire à la nature humaine. L'hypnose par laquelle on étourdit et tâche d'étourdir les hommes passe vite, et son action s'affaiblit de plus en plus, et ce doute : « *Plaît-il à Dieu ou non que les chefs me forcent de tuer ?* » devient de plus en plus fort, rien ne peut le détruire, et il se répand de plus en plus.

Ce doute : Plaît-il à Dieu ou non que les chefs nous forcent à tuer ? c'est l'étincelle de ce feu que Christ a allumé sur la terre et qui commence à l'embraser. Le savoir, le sentir, c'est une grande joie.

Iasnaïa Poliana, 18/31 mai 1904.

Léon TOLSTOÏ

(*Traduit du manuscrit*, par J. W. Bienstock.)

PENSÉES INÉDITES DE TOLSTOÏ

… Je veux vous dire que je sens de plus en plus fortement, en songeant à l'approche de la fin, ce que vous savez aussi : qu'il faut de plus en plus transporter ses buts de la vie extérieure dans la vie intérieure, non devant les hommes, mais devant Dieu ; vivre, non en vue de cette vie, mais de la vie éternelle. Et vivre ainsi n'est possible qu'en consacrant toute son énergie à son perfectionnement intérieur.

On est habitué de penser — et les ennemis de la vérité l'enseignent ainsi — que le perfectionnement n'est que de l'égoïsme, qu'on ne peut se perfectionner qu'en se retirant du monde. C'est une grande erreur : on ne peut se perfectionner que dans la vie et dans l'union avec les hommes. Et si un homme, vivant parmi les hommes, a pour but principal son perfectionnement devant Dieu, il atteint, dans les affaires pratiques, des résultats plus grands qu'un homme qui ne cherche que le succès des affaires extérieures.

Peut-être cela vous ennuie-t-il que j'écrive une chose trop connue, mais je l'écris parce que moi-même ne vis que de cela, et l'expérience m'en confirme la justesse…

***

Le but de la vie n'est qu'en ceci : aspirer à ce perfectionnement que Christ nous a indiqué en disant : « Soyez parfaits comme votre père au ciel. » C'est le seul but de la vie accessible à l'homme, et il s'atteint non en restant au poteau, non par l'ascétisme, mais par l'élaboration en soi de l'union avec tous les hommes. De l'aspiration à ce but bien compris découlent toutes les actions utiles de l'homme et, en concordance avec ce but, se décident toutes les questions.

***

On peut travailler beaucoup et utilement à son perfectionnement dans n'importe quelle condition, et c'est la seule chose nécessaire pour nous et pour Celui qui nous a donné la vie. Même, plus les conditions dans lesquelles nous nous trouvons sont difficiles, plus notre travail intérieur est fructueux pour nous-mêmes et pour les autres.

***

À votre question je ne puis répondre qu'une seule chose : que dans l'acte extérieur — faut-il ou non partir pour la guerre ? — il peut n'y avoir rien de mauvais ni de bon. On peut vivre mal en soignant les malades, on peut vivre bien en se livrant à toute autre occupation. Une seule chose est importante : c'est de vivre bien, c'est-à-dire non pour soi, mais pour servir Dieu et les hommes, ce que je vous souhaite et conseille.

***

La question habituelle et compréhensible : ai-je fait tout ce que veut de moi celui qui m'a envoyé ? ne se présente qu'à l'homme encore loin de la mort. Quand la mort est déjà proche, il n'y

Georges Bourdon

a plus cette question, mais seulement la conscience de son rapprochement vers le Dieu juste, gracieux et aimant. Et dans cette conscience, au moins pour moi, se dissolvent toutes les questions, comme le sel dans l'eau.

***

Il y a le bien spirituel et le bien corporel. Le bien corporel, nous le voyons, le jugeons ; mais le bien spirituel, non seulement nous ne le voyons pas extérieurement, celui même qui le reçoit souvent ne le voit pas. Et cependant, ce bien spirituel, outre qu'il est réel, est, sans comparaison, plus cher, plus important que tous les biens corporels, et satisfait l'homme dans sa vraie vie, tant sa vie terrestre que vie éternelle.

Un homme reçoit la richesse, la gloire, tandis qu'un autre en reconnaît le néant, apprend à les mépriser et à être heureux sans cela. Qui se sent le mieux ?

Quand nous disons d'une privation ou d'une souffrance matérielle quelconque, qu'elle est un mal, nous ne disons pas que nous sommes myopes ou aveugles et ne voyons pas le bien qui est en ce que nous appelons le mal, comme l'enfant qui ne voit pas le bien dans ce fait qu'on ne le laisse pas approcher du feu ou lui donne un remède…

Les privations, les douleurs, les souffrances nous chassent du domaine de la vie inférieure, pleine de misères et d'obstacles, de la vie matérielle dans le domaine de la vie spirituelle, joyeuse et libre. Il n'en résulte pas qu'il faille chercher les souffrances, mais que les souffrances, comme tout ce qui arrive au monde, sont un bien pour l'homme.

Les souffrances régularisent notre vie. Les lampes à acétylène sont construites de telle façon que le carbure, au contact de l'eau, dégage du gaz, et quand le gaz est en trop grande quantité, il soulève le carbure et la formation du gaz cesse. De même pour la vie matérielle quand elle est trop pleine de souffrances (sa propriété est d'engendrer les souffrances), la conscience et l'attention se soulèvent, se transforment en désirs spirituels et les souffrances cessent.

***

Dieu existe, non pour remplir nos caprices et nos fantaisies : c'est nous qui existons pour remplir sa volonté.

***

Toute la vie de l'homme éveillé à la vie spirituelle doit se passer en une lutte entre les exigences de la raison — c'est-à-dire divines — et les exigences humaines, les désirs personnels. Le résultat dépend de la force relative, de la clarté, de la conscience de la nécessité de suivre la volonté de Dieu, de la force de la soumission aux jugements des hommes et du désir personnel.

Celui seul en qui se passe la lutte peut le décider.

***

Le royaume de Dieu est en nous et hors de nous. Quand nous rétablissons en nous, il s'établit dans le monde. L'établissement du royaume de Dieu en nous est nécessaire pour Dieu, pour nous, pour les autres hommes.

***

Vous dites que, pour satisfaire les exigences de votre conscience, il vous semble insuffisant de vivre bien vous-même ; vous exigez la possibilité d'enflammer les autres, de les forcer à vivre comme vous le croyez bon.

Il faut seulement se réjouir que n'existe pas le moyen de forcer les autres à vivre comme nous le croyons bon, quelle que soit leur situation. Par bonheur, ce moyen n'existe pas, et on ne peut agir sur les autres qu'en professant, par toute sa vie, ses convictions. De sorte que pour atteindre le second but le premier suffit : c'est-à-dire vivre conformément aux exigences de sa conscience.

Georges Bourdon

***

Le Bouddhisme, de même que le Stoïcisme, apprend que la vraie essence de l'homme n'est pas dans son corps, privé de liberté et par suite souffrant, mais dans sa conscience spirituelle qui n'est sujette à aucune gêne, et par conséquent à aucune souffrance. Le Bouddhisme se place pour but de délivrer l'homme des souffrances, celui du stoïcisme est le bien de la personne, c'est pourquoi l'ascétisme n'est pas le but ou l'idéal de la personne…

La doctrine du Bouddhisme, ainsi que celle des prophètes juifs (surtout ce qu'on appelle doctrine d'Isaïe), celles de Confucius, de Lao-Tse et d'un certain Mi-Ty, peu connu, qui tous parurent en même temps, environ six siècles avant Jésus-Christ, reconnaissent également que l'essence de l'homme est en sa nature spirituelle. Et en cela réside leur plus grand mérite. Ces doctrines se distinguent du Christianisme, qui parut après elles, en ce qu'elles s'arrêtent à cette reconnaissance de la spiritualité de l'homme et voient en cela le salut et le bien de la personne. Le Christianisme va plus loin : Ayant reconnu le côté spirituel de l'homme, — selon l'expression chrétienne : la reconnaissance en soi du Fils de Dieu — il proclame la possibilité et la nécessité d'établir sur la terre le royaume de Dieu, c'est-à-dire le bien général qui contient en soi l'idée de la paix générale.

***

L'enfant est toujours instruit prématurément dans toutes les branches de la science. C'est surtout évident en mathématiques. Il ne faut pas se hâter. Il arrive souvent qu'un élève comprend du premier mot une chose qu'il ne pouvait nullement comprendre l'année d'avant. Le principal, c'est de se rappeler qu'en pédagogie l'élève n'est pas coupable de l'insuccès, c'est toujours la faute du professeur.

***

Il n'y a pas d'autre instruction que l'instruction chrétienne, et notre monde est rempli de sauvages savants.

***

Qu'adviendra-t-il après la mort ? Pour leur bonheur, les hommes ne le savent pas et ils n'ont pas besoin de le savoir. En effet, si les hommes le savaient, et s'ils savaient que la vie d'outre-tombe sera pire que la vie présente, ils auraient encore plus peur de la mort, et s'ils savaient que la vie d'outre-tombe sera meilleure, ils ne se soucieraient pas de cette vie-ci et hâteraient leur mort.

C'est pourquoi nous ne connaissons pas l'au-delà, et nous n'ayons pas besoin de le connaître. La seule chose que nous ayons à savoir, c'est que notre vie ne se terminera pas. Et nous le savons. Toute la doctrine du Christ est en ceci : Que l'homme a deux vies, la vie corporelle qui s'anéantit et la vie spirituelle qui ne change pas et ne s'anéantit pas. « Avant qu'Abraham existât, j'étais », a dit Christ, et cela se rapporte à nous tous.

Aussitôt que nous transportons notre « moi » dans la vie spirituelle, nous ne vivons que pour un but spirituel. Ainsi notre vie ne peut cesser. Elle est partie de Dieu. Elle était toujours, est et sera.

Faire le bien, nous le devons non par crainte de l'enfer ni par l'espoir du paradis, mais parce qu'en vivant de la vie spirituelle, l'homme ne peut rien désirer sauf le bien. Et si l'homme croit à sa spiritualité, il ne peut craindre la mort, l'anéantissement.

Et quelle sera cette vie ? Il ne s'en soucie pas, puisqu'il a foi en ce Dieu-père de qui il est descendu, à qui il va et avec qui il a vécu, vit et vivra.

***

… Mon opinion sur le mouvement des Doukhobors du Canada, c'est qu'au point de vue matériel ils se sont unis, mais ce mouvement a montré qu'en eux est vivante la chose la plus chère et la plus précieuse : le sentiment religieux, et non seulement passif, contemplatif, mais actif, qui conduit au renoncement des biens matériels.

Georges Bourdon

Il faut se souvenir que le bien matériel qu'ils acquièrent maintenant, grâce à la vie en commun, n'est basé que sur le sentiment religieux qui s'est manifesté dans leur acte de mise en liberté des animaux domestiques, que ce sentiment est plus précieux que tout et que le malheur n'est pas pour ceux chez qui il s'est manifesté sous une forme exagérée (je veux dire le fait de se dévêtir à l'entrée du village), mais pour ceux chez qui il disparaît.

LÉON TOLSTOÏ

(*Traduit du manuscrit par* J. W. BIENSTOCK.)

APPENDICE

SUR LE JAPON ET LE MONDE JAUNE

Que, par hypothèse, les conséquences de la victoire supposée du Japon dans sa guerre avec la Russie soient profondes, chacun en tombe d'accord. Qu'elles soient redoutables à l'Europe entière, confondue par les Jaunes dans une commune hostilité ; qu'elles entraînent, à une échéance plus ou moins prochaine, l'éviction des établissements européens en Asie et la reprise totale de la terre jaune par le monde jaune ; qu'il en puisse résulter une crise sérieuse, à la fois économique et politique, pour l'Europe simultanément concurrencée par l'Amérique et pourchassée par l'Asie... le comte Tolstoï, les yeux fixés sur l'absolu de son idéal, refuse sinon d'apercevoir ces graves périls, du moins d'en faire état ; mais qui les pourrait contester ?

Il n'est pas ici question de stipuler entre les races d'artificielles antinomies. Toutes ont droit à la vie, à la liberté, à la civilisation. Toutes en sont dignes. Toutes méritent de collaborer du même cœur au vaste effort humain. Et le nationalisme des races est misérable au même titre que le nationalisme des patries. Mais au moment où notre vieille civilisation commence de répudier les violences homicides et d'apercevoir la force vitale de la fraternité et les innombrables biens de la tendresse, nous voyons l'actif, le belliqueux, le nationaliste Japon s'emparer dans les greniers de nos arsenaux des armes qui deviennent caduques, et se précipiter à l'assaut de la civilisation avec des regards furieux, des poignards aux dents, et de terribles poudres plein les poches. Ce n'est pas ainsi que je comprends la fraternité. Et c'est un début fâcheux, pour un peuple justement hardi qui prétend accéder à la civilisation, que paraître à son seuil, orné des attributs odieux dont nous nous efforçons précisément de dépouiller la nôtre. Pour ma part, je ne consens pas à admirer et à ratifier chez les Japonais la violence guerrière que j'exècre chez les Européens.

Au surplus, sous la brise ardente des premières victoires japonaises, les manifestations ont commencé de l'ébranlement profond qui soulève à cette heure les innombrables peuples d'Asie. Il n'est pas mauvais qu'on le sache. Entre beaucoup de documents et d'observations consignées par des spectateurs, j'en ai choisi quelquesuns qui sont significatifs. Je les reproduis ici sans plus de commentaires.

Le 18 juillet dernier, le *Figaro* publiait la nouvelle suivante, qui annonce l'imminente réforme de l'armée chinoise.

… L'une des plus significatives de ces premières manifestations de la future hégémonie japonaise sur le monde jaune est, sans conteste, celle que nous signale un des hommes qui connaissent le mieux la Chine, où il a longtemps occupé de hautes fonctions et où il a conservé de précieuses relations.

C'est tout le plan de réformes de l'armée chinoise sous le contrôle du Japon, approuvé par l'empereur Kouangsü, le cinquième jour de la deuxième lune de la trentième année de son règne, c'est-à-dire le 19 mai dernier. Voici le résumé de ce document apporté par le dernier courrier d'Extrême-Orient :

« La Chine enverra quatre cents élèves au Japon pour y recevoir l'instruction militaire ; ces élèves seront divisés en quatre sections, et la période d'instruction durera quatre ans.

« Les élèves seront pris dans les provinces et dans la population mandchoue des « bannières » cantonnées dans les provinces ; leur entretien sera à la charge de l'administration centrale pour

Georges Bourdon

une moitié, et pour l'autre à celle des provinces ou des divisions militaires des « bannières » auxquelles ils appartiennent.

« La dépense est évaluée à 300 taëls pour l'entretien, plus 200 pour les voyages ; chaque élève recevra, en outre, cinq taëls pour ses menues dépenses.

« Les jeunes Chinois envoyés au Japon pour y étudier les sciences militaires devront être âgés de dix-huit à vingt-deux ans, et ils seront placés sous la double surveillance du ministre de Chine à Tokio et d'un inspecteur des étudiants.

« À la fin de leurs études, ils seront examinés, en Chine, par le secrétariat pour la formation des troupes, qui leur confiera ensuite les grades de capitaine, de lieutenant, ou de sergent. »

Il paraîtrait, du reste que certains vice-rois n'avaient même pas attendu les instructions de la Cour de Pékin pour entrer dans cette voie.

Le vice-roi des deux Kiangs, par exemple, avait, quelque temps avant l'approbation du règlement que nous venons d'analyser, publié une proclamation que les journaux chinois ont reproduite, dans laquelle il enjoignait aux chefs des troupes sous ses ordres de congédier les instructeurs européens pour prendre exclusivement des instructeurs japonais.

Ce n'est évidemment qu'un commencement, et la suite de ce mouvement méritera d'être suivie attentivement par les puissances européennes qui doivent savoir à quoi s'en tenir sur les protestations de désintéressement dont les Japonais sont si prodigues.

Le 14 juin, un homme qui connaît bien le Japon, M. Charles Pettit, écrivait de Tokio :

Le Japon est une grande puissance, formidablement organisée pour la lutte moderne.

Le Japon est une nation profondément militariste, qui tient à ses traditions belliqueuses.

Le Japon est un peuple resté discipliné d'une manière féodale. Son régime parlementaire ne signifie rien. Ses ministres ne sont pas responsables devant la Chambre. Celle-ci, d'ailleurs, ne siège

APPENDICE

en général jamais plus de deux mois par an. Elle vote passivement le budget et ne fait rien d'autre. Si elle émet la moindre objection, elle est aussitôt dissoute. En revanche, le Conseil des Anciens est tout-puissant, sans avoir à communiquer en aucune manière ses décisions au peuple. Il résulte de cet état de choses que les Japonais ont des habitudes d'obéissance passive aux ordres du gouvernement qui représente le Mikado, et qu'ils se soumettent à ces ordres sans plus songer à les discuter qu'ils ne songent à mettre en doute l'autorité divine du Mikado. Ils forment donc une excellente matière première pour constituer des soldats admirablement disciplinés.

Le Japon est un pays ambitieux qui rêve de se placer à la tête de tous les Asiatiques.

Le Japon est une pépinière d»espions remarquables. Il est parfaitement au courant de tout ce qui se passe à l'étranger, alors que l'étranger ignore complètement ce qui se passe chez lui.

Le Japon a la haine de la race blanche qu'il désire refouler de tout l'Extrême-Orient.

Le Japon enfin a des qualités d'endurance et de sobriété, qui, ajoutées à son extraordinaire bravoure et à son orgueil fantastique, font de ce peuple un des plus redoutables adversaires.

Voilà les quelques formules qu'on devrait toujours avoir à l'esprit quand il s'agit du Japon.

La Russie a dédaigné et méconnu le Japon, et c'est sa grande faute. Si elle s'était rendu compte seulement de son caractère vindicatif, elle ne se serait jamais fait d'illusions sur une paix impossible.

Je le répète, ce pauvre petit Japon est un danger formidable pour toutes les nations européennes.

Il n'est que temps d'apprendre à le connaître et de déjouer ses intrigues. Je sais qu'il est ridicule de parler du péril jaune, et pourtant je ne peux m'empêcher d'y songer.

Si l'Europe n'intervient pas, le Japon réussira d'ici peu à transformer la Chine à son image. Il faut bien se rappeler une chose : c'est que le Japon consacre plus de la moitié de ses revenus à sa marine et à son armée. Dans ces conditions, le Japon n'a d'avenir possible que dans la conquête de l'Extrême-Orient. Ce n'est qu'en plaçant

Georges Bourdon

en quelque sorte les autres Asiatiques sous son protectorat, ou au moins sous son influence, que le Japon peu continuer à subsister. *Le Japon ne vit que pour la guerre, et c'est seulement la guerre qui lui donnera une suprématie qu'il ne peut acquérir par aucun autre moyen.*

Voilà ce dont tout peuple européen qui a des intérêts en Extrême-Orient doit bien se persuader ; voilà ce que je ne cesserai de répéter, au moins comme Français.

Enfin, le 22 juillet, le Bulletin de l'étranger du *Temps*, que rédige, comme on le sait, un spécialiste éminent, réputé à l'étranger aussi bien qu'en France, notait les répercussions de la guerre sur les Indous :

Comme ils ne sont pas suspects de tendresse envers leurs patrons britanniques, on aurait pu croire que les Russes trouveraient chez eux des sympathies au moins secrètes. Il n'en fut rien. Tous leurs journaux sont unanimes. C'est avec transport, c'est avec ravissement qu'ils enregistrent les victoires japonaises. Du grand journal indigène, avec sa partie anglaise et sa partie locale, jusqu'à la moindre feuille du village, tout est pour le Japon.

Le fait que la Grande-Bretagne et le Japon sont amis, et celui que la Russie est représentée depuis des générations comme l'ogre du Nord, concourent peut-être à cet état d'esprit. Mais il y a quelque chose de plus puissant dans l'âme du Babou. C'est le sentiment que les Japonais sont un peuple asiatique comme eux, et que ce peuple asiatique est en train de battre des blancs.

Ce n'est pas nous qui faisons la constatation. Ce sont les journaux anglais de l'Inde et de la métropole. Ils s'abstiennent de réflexions sur le sujet. Tout ce qu'ils notent, c'est que, si le Japon triomphe de la Russie, l'effet de sa victoire aura chez les peuples incertains et ondoyants de toute l'Asie, un retentissement qui ne peut être calculé. Il importe peu que le Japonais doive ses succès à des qualités absolument contraires à celles de l'Asiatique. Géographiquement, les îles nippones sont en Asie. Cela suffit au Babou pour qu'il triomphe avec les marins de Togo et les soldats de Kuroki. Et, dans ses parlotes comme dans ses journaux, dans ses clubs et dans ses

APPENDICE

écoles, il s'exalte à montrer les similarités entre les débuts du relèvement japonais et l'œuvre de la civilisation de l'Inde par le Babou.

L'observateur superficiel peut se contenter de rire de ces symptômes. Ceux qui sont responsables du gouvernement de l'Inde ne sauraient faire autrement que de les prendre en considération. Ni la communauté de race, ni la communauté de langage, ni même celle de couleur ne sont nécessaires pour que les peuples civilisés ou conquis par l'Europe prennent leur part dans la lutte russo-japonaise. Il suffit que l'un des adversaires ne soit pas européen pour qu'ils soient avec lui. Cela est vrai, non seulement de l'Inde, mais de tous les pays où il y a une domination blanche et une classe indigène un peu instruite. Non seulement cela est vrai, mais cela est naturel. Il serait vain de s'indigner. Mais il faut le savoir.

Si les Japonais triomphent en Mandchourie, les peuples de l'Europe n'ont pas le droit d'ignorer ce qui demain les attend en Asie.

G. B.

ISBN : 978-1535316309

Georges Bourdon

www.ingramcontent.com/pod-product-compliance
Lightning Source LLC
Chambersburg PA
CBHW060336290526
45793CB00003B/635